| 베스트셀러 작가 전광 목사 작은책 1

백악관을 기도실로 만든 대통령

링컨

| 전 광 지음 |

생명의말씀사

백악관을 기도실로
만든 대통령

링컨

ⓒ 생명의말씀사 2008

2008년 8월 30일 1판 1쇄 발행

펴낸이 김창영 | **펴낸곳** 생명의말씀사 | **등록** 1962. 1. 10. No.300-1962-1
주소 110-101 서울 종로구 송월동 32-43
전화 (02)738-6555(본사), (02)3159-7979(영업부)
팩스 (02)739-3824(본사), 080-022-8585(영업부)

지은이 전 광

기획편집 유선영, 문효진 | **디자인** 조현진
제작 신기원, 오인선, 홍경민 | **마케팅** 이지은, 선승희, 박혜은
영업 박재동, 김창덕, 김규태, 이성빈, 김덕현, 황성수
인쇄 영진문원 | **제본** 정문바인텍

ISBN 978-89-04-15781-5 (04230)
ISBN 978-89-04-00139-2 (세트)

저작권자의 허락없이 이 책의 일부 또는 전체를
무단 복제, 전재, 발췌하면 저작권법에 의해 처벌을 받습니다.

'링컨'의 신앙 십계명

제일은, 나는 주일을 거룩하게 지키며 예배 생활에 힘쓸 것이다.
제이는, 나는 날마다 하나님의 말씀인 성경을 묵상하고
그 말씀을 실천할 것이다.
제삼은, 나는 도움을 베풀어 주시는 하나님 아버지께
날마다 겸손히 기도할 것이다.
제사는, 나는 나의 뜻이 아니라 하나님의 뜻에 순종할 것이다.
제오는, 나는 하나님께서 베풀어 주신 은혜를 기억하며 감사할 것이다.
제육은, 나는 연약하지만 하나님의 도우심을 의지할 것이다.
제칠은, 나는 하나님만을 높여 드리고 그분께만 영광을 올려 드릴 것이다.
제팔은, 나는 하나님 안에서 우리 모두는 자유하며 평등하다고 믿는다.
제구는, 나는 형제를 사랑하고, 이웃을 사랑하라는
주님의 명령을 실천할 것이다.
제십은, 나는 이 땅 위에 하나님의 진리와 공의가
실현되도록 기도할 것이다.

- '링컨'의 신앙 십계명은 링컨의 연설문이나 기도문, 노예해방선언문 등을 참고하여 정리한 것이다.

Abraham Lincoln

저자 서문

백악관을 기도실로 만든
대통령 링컨을 시작하며

　얼마 전 링컨의 생가가 있는 스프링필드를 가족들과 함께 다녀왔다. 두 번째 방문이라서 그런지 마을의 분위기가 편안하고 친근감이 들었다. 링컨이 살던 집 앞에 섰을 때는 옛 고향 친구의 집을 오랜만에 찾은 느낌마저 들었고 당장이라도 고향 친구 링컨이 뛰쳐나와 반갑게 맞아 줄 것 같았다.
　안내인의 인도를 받으며 현관 문을 통과해서 그가 사용하던 거실과 침실, 자녀들 방, 그리고 주방의 물품들을 둘러보면서 온통 머리 속이 링컨에 대한 생각들로 가득 차 버린 나는 관광객들에 밀려 겨우 뒷문으로 빠져 나와 신선한 공기를 마신 후에야 정신을 차릴 수 있었다. 이제 그곳은 단순한 관광명소가 아닌 내 인생의 커다란 추억의 장소로 자리잡을 아름다운 곳이 되었다.

나는 청소년 시절에 링컨을 알게 되었다. 물론 '정치가 링컨'과의 만남이었다. 아직 그때는 예수님을 만나기 전이었는데, 링컨과의 만남은 내 인생에 많은 축복을 가져다 주었다.

존경할 사람을 처음으로 마음속에 간직하게 되었고, 침울했던 환경 속에서도 여전히 '희망의 빛'이 존재한다는 사실을 깨닫게 되었다. 어떠한 '장애물'도 '징검다리(디딤돌)'로 잘 활용만 하면 더 멀리, 더 높이 뛰어오를 수 있다는 교훈을 배우게 된 소중한 만남이었다.

나는 '7전 8기'의 '오뚝이 링컨'을 참 좋아한다. 비천한 자리에서 수많은 고난과 역경을 딛고, 넘어지면 다시 일어나고, 넘어지면 또 다시 일어나서 오뚝이처럼 서 있는 링컨, 그는 내 작은 마음속에 보이지 않는 '나침반'이 되어 주었고, 나의 '큰 바위 얼굴'이 되어 주었다.

세월이 흘러 나는 예수님을 영접하였고, 또 다른 모습의 링컨, 즉 '신앙인 링컨'을 만나게 되었다. 그것도 평범한 신앙인이 아니라 예수님 다음으로 많은 사람들에게 사랑받는, 하나님의 마음에 합한 사람 링컨을……

'신앙인 링컨'과의 만남은 하나님을 경외하는 믿음과 성경 사랑 그리고 기도 생활 등 신앙인의 믿음 생활에 대한 축복들을 가져다 주었다. 오로지 하나님만 의지하고 성경과 기도로 무장해서 마침내 하나님의 사람 요셉과 다윗처럼 쓰임받은 '신앙인 링컨'의 삶은 나에게 큰 도전을 주었다.

바라기는 백악관을 기도실로 만든 대통령 링컨이 이 시대를 살아가는 우리 모두에게, 그리고 특별히 자녀들에게 올바른 신앙 생활을 격려하고 도전을 주는 축복의 도구가 되길 소원한다.

이 책은 나의 독창적인 글이라기보다는 여러 책들과 자료들의 도움을 받아 정리한 것이다. 이미 링컨과 관련된 책들은 수천 권에 이르고 있다. 나 역시 수많은 사람들의 책들과 자료들을 참고하여, 그의 생애를 신앙적으로 정리하였다.

늘 느끼는 것이지만, 한 권의 책이 나오는 데는 많은 사람들의 기도와 사랑과 도움이 필요한 것 같다. 늘 부족한 나를 위해 한결같은 기도와 사랑으로 후원해 주시는 부모님께 감사의 마음을 전한다. 그리고 집필에 전념할 수 있도록 여건을 만들어 준 사랑스러운 아내와 책을 쓰는 동안 아빠를 이해하고 많은 것을 참아 준 아이들(하영, 성민)에게도 고마움을 전한다.

아울러 이 책을 쓰는 동안 자상한 배려와 관심을 쏟아 주신 노스필드 장로교회 이범훈 목사님과 성도님들께도 진심으로 감사드린다.

마지막으로 이 책이 나오도록 헌신적인 사랑과 수고를 아끼지 않으신 생명의말씀사 직원분들 모두에게 깊은 감사의 마음을 전하며, 이 책의 처음부터 마지막까지 함께해 주신 하나님께 모든 감사와 영광을 드린다.

_ 일리노이 주 글랜뷰 도서관에서
전 광 목사

프롤로그

링컨의 꿈 이야기

 1865년 4월 9일, 드디어 남북전쟁이 끝났다. 그러나 링컨은 지난 며칠 동안 승리로 인해 기뻐하면서도 자신이 꾼 불길한 꿈 때문에 마음이 불안하고 무거웠다. 링컨의 얼굴 표정이 밝지 않은 것을 금방 눈치 챈 아내 메리 토드는 걱정스러운 표정으로 물었다.

 "여보, 요즘처럼 좋은 날 어디 몸이라도 불편하세요? 아니면 무슨 근심거리라도 있으세요? 얼굴 표정이 밝지 않아요."

 링컨은 아내에게 자신의 꿈 이야기를 들려주며, 그 꿈이 자신을 얼마나 괴롭히며 짓누르고 있는지 솔직하게 털어 놓았다.

 "여보, 사실은 며칠 전, 잠을 자다가 이상한 꿈을 꾸었다오.

백악관에 있는 사람들이 슬퍼하며 흐느끼고 심지어 어떤 사람들은 통곡까지 하고 있는 게 아니겠소. 하도 이상해서 한 사람에게 다가가 물어 보았소. '왜들 이렇게 슬퍼하시오. 혹시 누가 죽기라도 했습니까?' 그랬더니 그 사람이 이렇게 대답하는 게 아니겠소. '아니, 이제까지 대통령이 돌아가신 것도 모르고 있었단 말이오. 그것도 끔찍한 암살자의 흉탄에 맞아 돌아가셨단 말입니다!'

나는 꿈속이었지만 충격이 너무 커서 곧바로 꿈에서 깨어났다오. 그런데 그 꿈이 너무도 생생해서 머리 속에서 지워지지 않는구려. 그래서 지난 며칠 동안 성경을 묵상하며 꿈과 관계된 말씀들을 살펴보았지. 그 동안은 잘 몰랐는데, 꿈과 관련된 이야기들이 그렇게 많은 것을 알고 깜짝 놀랐다오."

"여보, 당신은 꿈을 믿으세요? 오히려 꿈은 반대라고 하잖아요. 당신은 오래 사실 테니까 아무 걱정 마시고 건강이나 조심하세요."

"그래요. 우리 모두는 하나님이 부르시면 언제라도 가야 하고, 모두들 갈 준비를 하고 있어야지요. 내 인생을 내 마음대로 할 수 있는 것이 아니니……. 아무튼 생명의 주인이신 하나님이 오라고 부르시는 그 때가 가장 좋은 때 아니겠소?"

목차

저자서문 ·6
프롤로그 **링컨의 꿈 이야기** ·10

 **1. 통나무집에서 키운 꿈**

첫 번째 이야기 **어린 시절 통나무집** ·18
두 번째 이야기 **어머니는 나의 천사** ·22
세 번째 이야기 **세상에서 가장 훌륭한 새어머니** ·28
네 번째 이야기 **책벌레 링컨** ·35
다섯 번째 이야기 **링컨에게 영향을 준 책들** ·41
여섯 번째 이야기 **링컨의 성경 사랑** ·46

2. 가난과 실패를 극복한 힘

일곱 번째 이야기 **정직한 청년 에이브** ·56
여덟 번째 이야기 **변호사 링컨** ·62
아홉 번째 이야기 **조수아 스피드와의 멋진 우정** ·69
열 번째 이야기 **위험한 결투** ·76
열한 번째 이야기 **어머니와의 약속** ·83
열두 번째 이야기 **유머와 재치의 남자** ·87
열세 번째 이야기 **7전 8기의 믿음** ·92
열네 번째 이야기 **작은 거인 더글러스** ·98

3. 사랑과 인내의 삶

열다섯 번째 이야기 **링컨의 아내 사랑** ·108
열여섯 번째 이야기 **윌리의 죽음** ·114
열일곱 번째 이야기 **자상한 아버지 링컨** ·119
열여덟 번째 이야기 **링컨의 턱수염** ·128
열아홉 번째 이야기 **아버지는 구두 예술가** ·133
스무 번째 이야기 **깜짝 선물** ·138

4. 하나님을 의지한 위대한 지도자

스물한 번째 이야기 **링컨과 남북전쟁** ·144

스물두 번째 이야기 **금식 기도일 선포** ·156

스물세 번째 이야기 **보내지 않은 편지** ·163

스물네 번째 이야기 **노예들의 아버지** ·168

스물다섯 번째 이야기 **스토우 부인과의 만남** ·179

스물여섯 번째 이야기 **통일 대통령** ·183

스물일곱 번째 이야기 **원수를 친구로 만드는 능력** ·191

스물여덟 번째 이야기 **관용의 달인** ·195

스물아홉 번째 이야기 **겸손의 리더십** ·199

서른 번째 이야기 **링컨과 무디의 동역** ·208

서른한 번째 이야기 **기도하는 대통령** ·211

서른두 번째 이야기 **추수감사절의 부활** ·218

5. 하나님의 마음에 합한 대통령

서른세 번째 이야기 **링컨 기념관** ·224

서른네 번째 이야기 **큰 바위 얼굴 링컨** ·228

서른다섯 번째 이야기 **링컨의 마지막 순간** ·233

서른여섯 번째 이야기 **링컨 동상 봉헌식 연설** ·238

서른일곱 번째 이야기 **예수님 다음의 인기** ·245

서른여덟 번째 이야기 **하나님의 마음에 합한 사람** ·250

링컨연보 ·258
참고도서 ·262

Abraham Lincoln

1. 통나무집에서 키운 꿈

첫 번째 이야기
어린 시절 통나무집

**대부분의 사람들은 자기가 행복해지려고
결심한 만큼 행복해질 수 있다. −A. 링컨**

낸시 행크스와 토머스 링컨과의 만남은 켄터키 지역 교회 연합회에서 개최한 야외 수련회에서 이루어졌다. 그들은 만난 지 얼마 되지 않아 1806년 6월 12일 제시 해드 목사의 주례로 결혼식을 올리고 켄터키 주의 조그마한 마을 호젠빌에 아담한 통나무집을 짓고 신혼의 보금자리를 꾸몄다.

바로 그곳에서 1809년 2월 12일 주일 날, 가족들의 축복 가운데 미국의 16대 대통령 에이브러햄 링컨(Abraham Lincoln)이 태어났다. 나무와 숲이 울창한 시골마을이었던 호젠빌에서 링컨은 숲 속의 사슴, 곰, 다람쥐, 너구리, 토끼들과 벗하며 어린 시절을 보냈다. 하늘로 뻗은 나무들과 아름다운 꽃들, 밤하늘에 빛나는 달빛과 별빛 가운데서 그는 꿈을 키우며 자라났다.

비록 집은 가난했지만 정직하고 성실한 아버지와 인자하고 신앙심 깊은 어머니, 누구보다 따뜻하고 이해심 많은 누나 사라가 있어서 링컨은 행복했다.

호젠빌의 통나무집은 아버지가 손수 만든 집이라 가족들 모두가 특별한 애착을 갖고 있었다. 비록 여름철에 폭우가 쏟아지면 빗물이 새기도 하고, 겨울철에 한파가 몰아치면 추위로 방안까지 꽁꽁 얼어붙기도 했지만 통나무집에서의 생활은 링컨에게 평생 잊지 못할 많은 추억거리를 만들어 주었다.

링컨은 어린 나이부터 농사일로 바쁜 부모님을 도와야 했다. 봄철에는 농작물을 심고, 여름 가뭄 때는 아버지를 도와 밭고랑 사이로 다니며 물을 붓는 힘든 작업을 해야 할 때도 있었다.

그는 장작 패는 일, 밭을 일구는 일, 우유를 짜고 가축을 돌보는 일 등 아버지가 하는 일은 모두 따라할 만큼 능숙한 조수의 역할을 감당했다.

링컨의 가족들은 한 주간 동안 농사일로 바쁘게 보내다가도 주일이 돌아오면 모두 일찍 일어나 깨끗한 옷으로 갈아입고

교회에 가서 예배를 드렸다. 그의 부모는 신앙 생활에 열정적이었고, 교회 봉사에도 적극적으로 참여하는 헌신적인 그리스도인들이었다.

링컨은 예배 시간에 목사님으로부터 들은 설교 말씀과 어머니에게서 들은 신앙 위인들의 이야기를 교회에 나가지 않는 동네 아이들을 모아 놓고 능숙한 말솜씨로 전해 주었다. 그리고 어머니와 함께 암송한 성경 구절을 친구들에게 들려주기도 했다. 그때마다 아이들은 재미있다며 그의 주위로 가까이 모여들곤 했다.

링컨과 그의 가족들은 교회를 통해 많은 영적 유익을 얻었다. 매 주일마다 드리는 예배는 그의 가정에 영적 활력을 불어넣어 주었고, 목사님의 영감 넘치는 설교 말씀은 그의 가족들을 믿음 안에서 살도록 이끌었다. 넉넉한 생활은 아니었지만 식사 때마다 감사 기도를 드렸고, 하루 생활을 마치고 잠자리에 들 때면 링컨과 누이 사라는 어머니의 기도 소리를 들으며 잠들 수 있는 축복을 누렸다.

이처럼 링컨은 가난했지만 행복하고 단란한 통나무집에서 어린 시절을 보냈다.

"내 아들아 나의 법을 잊어버리지 말고 네 마음으로 나의 명령을 지키라……그리하면 네가 하나님과 사람 앞에서 은총과 귀중히 여김을 받으리라"(잠 3:1, 4).

두 번째 이야기
어머니는 나의 천사

내가 성공을 했다면 오직 천사와 같은 어머니의 덕이다.
-A. 링컨

링컨의 전기 작가는 그에 대해 이렇게 기록했다. "하나님께서는 링컨에게 위대한 사람이 될 만한 조건은 한 가지도 주시지 않으셨다. 다만 그에게 가난과 훌륭한 신앙의 어머니만을 주셨을 뿐이다."

어머니 낸시는 황무지 개척자의 아내로서 또 두 자녀의 어머니로서 척박한 자연 환경과 싸우며 가난한 시골 생활을 견뎌 냈다. 그녀의 삶은 하루 종일 농사일과 허드렛일로 바쁜 생활의 연속이었다. 여인의 몸으로 땅을 개간하여 농작물을 심고 수확물을 거두는 일은 쉬운 일이 아니었다. 그러나 그녀는 바쁘고 힘든 생활 속에서도 자녀들을 돌보고 교육하는 일을 소홀히 하지 않았다.

낸시는 링컨에게 물질적인 풍요로움과 공교육의 혜택은 주지 못했지만 그보다 훨씬 귀하고 값진 인생의 보화들을 풍부하게 심어 주었다. 관찰력이 뛰어났던 그녀는 링컨을 데리고 숲 속이나 강가를 거닐면서 동물이나 식물, 물고기들의 이름과 특징들을 조근조근 설명해 주곤 했다. 그것은 링컨으로 하여금 신기하고 경이로운 자연의 세계에 눈뜨게 했고, 풍부한 상상력과 창의적인 사고로 사물을 바라볼 수 있도록 했다.

그녀는 무엇보다 아들 링컨의 마음속에 '신앙'과 '꿈'을 심어 주고 싶었다. 그래서 한가로운 오후나 저녁 식사 후 휴식 시간이면 어김없이 찬송가를 불러 주거나 재미난 성경 이야기를 들려주기도 하고, 때로는 분주한 대도시의 이야기도 해주었다.

그녀는 아들 링컨이 어려운 환경 속에서도 희망을 잃지 않도록 용기를 북돋아 주었다. 특히 역경 속에서도 좌절하지 않고 꿈을 소유한 신앙의 인물들을 닮기 원하는 간절한 바람에서 성경 인물들에 대한 이야기를 자주 해주었다. 이스라엘 백성들을 노예 생활에서 구출해 낸 모세, 노예로 팔려 갔다가 애굽의 총리가 된 요셉, 시골의 목동이었지만 하나님을 잘 믿어 성공한 다윗 등의 이야기는 어린 링컨의 가슴속에 선명히 남아 그의 꿈과 소망을 키워 주었다.

링컨은 훗날 회상하면서 "어머니가 나의 마음에 그려 주신 그림 중에 가장 인상 깊었던 것은 하나님께서 모세에게 주신 '십계명' 이야기였는데 평생동안 지워지지 않았다."라고 고백했다.

변호사 시절에 뇌물에 대한 유혹을 많이 받았던 링컨은 그때마다 어머니가 마음속에 그려 주신 '십계명' 이야기를 떠올리며 그 유혹들을 물리칠 수 있었다고 한다.

영국의 문학자 벤슨은 링컨을 '미국에서 가장 정직한 변호사'라고 칭찬했다. 역시 링컨이 이런 칭송을 받을 수 있었던 이유는 '하나님의 말씀대로 살라'는 어머니의 말씀을 삶 속에서 실천했기 때문이었다.

이렇게 어머니 낸시는 링컨에게 신앙과 희망을 심어 주기 위해 애썼다. 그런데 한 가지 어머니로서 안타까웠던 일이 있었다. 한창 학교에서 공부하고 뛰놀아야 할 나이인 링컨을 학교에 보낼 수 없었다는 사실이었다. 어려운 생활 때문이기도 했지만 워낙 외진 시골 마을에 살고 있었던 터라 가까이에 학교가 없었다. 가끔 멀리 떨어진 마을에 학교가 개설되기는 했지만 매일 그곳까지 가서 수업을 받는 것은 쉬운 일이 아니었다.

교육에 대한 집념이 강했던 그녀는 결국 큰 결심을 하고 남편을 설득해서 먼 지역의 학교라도 다니게 하면서 사라와 링컨이 공부할 수 있도록 했다. 이렇게 해서 그나마 다니게 된 학교도 링컨이 10살 되던 해인 1818년 10월 5일, 어머니가 세상을 떠나면서 중단할 수밖에 없었다.

풍토병을 앓았던 그녀는 병상에서도 어린 링컨에게 신앙의 귀한 진리를 가르치는 일을 잊지 않았다. 그리고 어린 링컨의 손을 잡고 세상을 떠나면서 이렇게 유언했다.

"사랑하는 에이브(링컨의 애칭)야! 이 성경책은 내 부모님으로부터 물려받은 것이다. 내가 여러 번 읽어 많이 낡았지만 우리 집안의 값진 보물이란다. 나는 너에게 100에이커의 땅을 물려주는 것보다 이 한 권의 성경책을 물려주는 것을 진심으로 기쁘게 생각한다.

에이브야! 너는 성경을 부지런히 읽고, 성경 말씀대로 하나님을 사랑하고 이웃을 사랑하는 사람이 되어 다오. 이것이 나의 마지막 부탁이다. 약속할 수 있겠니?"

링컨은 비록 어린 나이였지만 어머니의 유언을 마음속 깊이 간직하고 그 약속을 지킬 것을 굳게 다짐했다.

그가 얼마나 어머니를 존경했고, 어머니의 신앙 교육에 대해 감사했는지는 그의 절친한 친구인 빌리 헌던에게 한 고백을 보면 잘 알 수 있다.

"내가 아직 어려 글을 읽지 못할 때부터, 어머니께서는 날마다 성경을 읽어 주셨고, 나를 위해 기도하는 일을 쉬지 않으셨네. 통나무집에서 읽어 주시던 성경 말씀과 기도 소리가 지금도 내 마음을 울리고 있네. 나의 오늘, 나의 희망, 나의 모든 것은 천사와 같은 나의 어머니에게서 물려받은 것이라네."

"마땅히 행할 길을 아이에게 가르치라 그리하면 늙어도 그것을 떠나지 아니하리라"(잠 22:6).

링컨이 사랑했던 성경구절

"하나님을 사랑하는 자 곧 그 뜻대로
부르심을 입은 자들에게는
모든 것이 합력하여 선을 이루느니라."
(롬 8:28)

링컨은 아무리 어려운 상황에서도 하나님을 사랑하고 그분의 날개 아래 거하기만 하면 하나님께서 반드시 합력하여 선을 이루어 주실 것임을 믿었다. 어떤 실패와 절망과 좌절이 있어도, 하나님을 사랑하는 사람에게는 결국 하나님의 선한 인도하심이 있을 것이라는 굳은 믿음을 가졌다. 이런 강한 믿음이 그가 오뚝이 신앙을 소유하고 성공할 수 있었던 비결이었다.

세 번째 이야기
세상에서 가장 훌륭한 새어머니

어머니의 눈물은 과학적으로 분석할 수 없는
진한 애정이 담겨 있다. -A. 링컨

 어머니가 돌아가신 후 집안은 금세 썰렁해졌다. 자상하고 부드러운 어머니의 목소리는 이제 더 이상 들리지 않았다. 저녁 시간, 재미있는 이야기를 들려주실 때 앉곤 하셨던 어머니의 통나무 의자는 집 한켠에 덩그러니 놓여 있었다. 사라는 애써 어머니의 공백을 메우고자 열심히 집안일을 했지만 적막한 집안 분위기는 사라지질 않았다. 그나마 위안이 되었던 것은 어머니가 유산으로 물려준 성경을 매일 읽는 일이었다.

 어머니가 돌아가신 지 1년이 된 겨울 어느 날, 아버지는 이웃 마을 엘리자베스타운에 살고 있는 소꿉친구, 사라 부시 존

스턴을 찾아갔다. 그녀 또한 남편 없이 홀로 지내고 있었다는 사실을 알고 있었던 링컨의 아버지는 그녀에게 청혼하기로 마음먹었다. 그리고 1819년 12월 2일 드디어 결혼식을 올렸다. 링컨과 사라에게 새어머니가 생긴 것이다.

아버지는 새어머니가 낳은 3명의 아이들과 몇몇 가구들과 부엌 살림들을 마차에 싣고 왔다. 짐꾸러미 속에는 나중에 링컨이 즐겨 읽게 된 웹스터 사전과 로빈슨 크루소, 아라비안 나이트가 들어 있었다. 새어머니는 링컨과 사라를 보자마자 다정한 미소를 지으며 머리를 부드럽게 쓰다듬어 주었다.

새어머니가 들어온 후부터 집안 분위기는 확실히 달라졌다. 집안은 깔끔해졌고, 가족들도 활기를 되찾았다. 정말 다행이었던 것은 새어머니도 훌륭한 신앙의 사람이었다는 것이다. 그녀 역시 자주 성경 이야기를 들려주며, 아름다운 신앙과 믿음의 싹을 자라게 했다.

하루는 새어머니가 링컨에게 새로 만든 멋진 셔츠를 입혀주면서 물었다.

"참 잘 어울리는구나! 그런데 에이브야, 구약성경에 나오는 아브라함과 너의 이름이 같은데, 너는 아브라함이 어떤 사람인지 알고 있니?"

새어머니가 만들어 준 옷을 입고는 기분이 너무 좋아 어쩔 줄 몰라 하던 링컨은 이렇게 대답했다.

"사실 오래전에 돌아가신 어머니한테 들었는데 지금은 잘 기억이 안 나요."

새어머니는 링컨을 무릎 위에 앉히고는 아브라함 이야기를 들려주었다.

"아브라함은 믿음이 좋은 사람이었단다. 그래서 하나님께서 말씀하시는 것은 무엇이든 다 순종했지. 심지어 하나님께서 그에게 하나밖에 없는 외아들 이삭을 제물로 바치라고 하셨을 때도 아브라함은 거역하지 않고 순종했단다. 물론 하나님께서 아브라함을 시험해 보신 거였지. 아들 이삭보다 하나님을 더 사랑하는지를 확인해 보시려고 말이야. 하나님께서는 아브라함의 믿음을 보시고 기뻐하시며 그를 칭찬해 주셨단다. 그리고 그에게 많은 선물을 주셨지. 가나안 땅도 주셨고, 하나님을 믿는 모든 사람들의 아버지, 믿음의 조상이 되게 하셨고, 그의 후손을 통해 메시아, 예수님까지 보내 주실 것을 약속하셨단다. 이제 아브라함이 얼마나 귀한 이름인지 알겠니? 너도 이 다음에 커서 아브라함처럼 신앙심이 깊고, 하나님께 칭찬받는 사람이 되어야 한다, 알겠지?"

"예, 어머니!"

링컨은 자기 이름에 귀한 의미가 담겨 있다는 사실을 깨우쳐 준 새어머니가 고마웠다. 그때부터 그는 마음속에 자부심과 뿌듯함이 생기는 것을 느낄 수 있었다. 그리고 이름처럼 멋진 인생을 살아야겠다는 다짐도 잊지 않았다.

새어머니는 링컨이 책 읽기를 좋아하는 것을 알고는 여기저기서 좋은 책들을 빌려다 주곤 했다. 그때마다 링컨은 밤이 깊어가는 줄도 모르고 책 속에 파묻혀 지냈다. 간혹 아버지가 링컨이 밤 늦게까지 책을 읽다가 아침에 늦게 일어나는 날이면 못마땅하게 여기며, "이제 더 이상 책을 빌려오지 말아요. 농사나 지을 아이가 책은 읽어서 뭘 해요!" 하고 핀잔을 주곤 했다.

그러면 새어머니는 남편을 설득하며 이렇게 말했다.

"여보, 나는 링컨을 친엄마처럼 키우고 싶어요. 낸시도 애정을 가지고 성경과 독서를 통해 아이들을 양육했잖아요. 링컨은 다른 아이들과 달리 총명하고 지혜로워요. 반드시 훌륭하게 자랄거예요. 당신도 함께 도와주세요!"

이럴 때면 링컨의 아버지도 아이들을 아끼고 사랑하는 아내의 마음에 곧 화가 누그러졌다.

새어머니는 겨울 농한기 때 6km나 떨어진 학교에서 링컨이 공부할 수 있도록 했다. 거기서 링컨은 쓰기, 읽기, 산수를 배웠는데, 특별히 글쓰기에 놀랄 만한 발전을 보였다. 동네 사람들도 링컨이 글을 잘 쓴다는 소문을 듣고 편지 쓰는 일이나 특별한 문서가 필요할 때면 그를 찾아와 도움을 청하곤 했다.

새어머니는 링컨에게 글 쓰는 능력 못지 않게 탁월한 언변의 은사가 있다는 것을 알고는 윌리엄 스콧이 쓴 웅변 연습하기라는 책을 선물해 주었다. 그는 그 책에서 읽은 대로 숲 속을 거닐며 나무들을 사람들로 생각하고 우렁찬 목소리로 연설 훈련을 거듭했다. 이 책은 링컨이 정치가로서 대중들 앞에서 어떻게 연설해야 하는지를 구체적으로 가르쳐 준 책이었다.

훗날 링컨은 대통령에 당선된 후 새어머니 사라 부시의 묘지를 찾아가 추모하며 감사한 마음을 잊지 않았다.

"새어머니는 참 지혜로우셨고 사랑이 많으셨습니다. 나에게 자주 성경 이야기를 들려주셨고 특히 독서하는 습관을 길러 주셨습니다. 이 자리에 있기까지 나는 새어머니께 사랑과 신앙의 빚을 많이 졌습니다."

"고운 것도 거짓되고 아름다운 것도 헛되나 오직 여호와를 경외하는 여자는 칭찬을 받을 것이라"(잠 31:30).

링컨이 사랑했던 성경구절

"아무에게도 악으로 악을 갚지 말고
모든 사람 앞에서 선한 일을 도모하라."

(롬 12:27)

링컨이 대통령에 재선되었을 때 취임사에 인용한 말씀으로 링컨 기념관 왼쪽 벽면에 새겨져 있다. 링컨은 자주 주변 사람들에게 '친절과 사랑을 베풀어서 원수를 친구로 만들라'고 했다. 그는 자신을 가장 미워하던 스탠턴을 가장 중요한 직책인 국방부 장관 자리에 임명했으며, 자신을 원수로 생각했던 남부인들을 끝까지 형제애로 대하고, 화해와 용서와 사랑으로 그들을 끌어안았다. 이처럼 그가 원수들에게까지 사랑을 베풀 수 있었던 것은 그의 마음 판에 새겨진 이 말씀의 힘 때문이었다.

네 번째 이야기

책벌레 링컨

**나는 계속 배우면서 나를 갖추어 나간다.
언젠가는 나에게도 기회가 찾아올 것이다. -A. 링컨**

    미국의 유명한 작가 해롤드 에반스는 많은 자료들을 토대로 미국 대통령들의 독서 습관을 발표해서 사람들의 흥미를 끌었다. 재미있는 사실은 그가 독서광으로 선정한 22명의 대통령들 중에, 미국인들이 뽑은 훌륭한 대통령 상위 10명이 모두 포함되어 있다는 것이다. 훌륭한 대통령으로 국민들의 존경과 사랑을 받았던 그들에게는 시대를 간파할 수 있는 혜안이 있었으며, 그것을 소유하는 데는 독서가 뒷받침이 되었음을 일깨워 주고 있다. 에반스가 뽑은 독서광에는 링컨, 워싱턴, 제퍼슨, 시어도어 루스벨트, 아이젠하워, 케네디 등이 있었다.

링컨은 어렸을 때부터 '독서광' 또는 '책벌레'로 불렸다. 학교 교육을 정식으로 받지 못했던 그는 모든 공부를 독학으로 해결해야 했다. 정식으로 받은 학교 교육은 고작 9개월. 능숙하게 글을 읽고 쓰는 것은 그에게는 역부족이었다. 그렇다고 혼자 공부할 수 있는 시간이 충분한 것도 아니었다. 그는 낮에는 일하고 밤에는 책과 씨름하는, 주경야독의 생활을 할 수밖에 없었다. 그에게 있어서 저녁 시간은 책을 읽고 내일을 준비하는 소중한 시간이었다.

그는 '한 권의 책을 읽은 사람은 두 권의 책을 읽은 사람의 지도를 받게 되어 있다'는 명언을 떠올리며 부지런히 독서에 전념했다. 일하는 틈틈이 주머니에서 책을 꺼내 읽었다. 손에서 책을 놓지 않는 그의 독서 습관은 지적 성장을 가능케 했고, 결국 그를 창조적인 리더가 되도록 이끌었다.

링컨은 책을 읽는 정도에서 그치지 않고 좋은 문장이 나오면 메모를 해 놓고 시간 날 때마다 읽고 또 읽어 자기 것으로 만들었다. 또한 글을 잘 쓰기 위해 문법 공부도 게을리 하지 않았다. 그는 어려운 문법이 나오면 멀리 사는 그레이엄 선생님을 찾아가 문법 지도를 받았으며, 때로는 선생님의 문법책을 빌려서 읽는 행운을 얻기도 했다. 이러한 노력으로 그는 17살에 '절약'이라는 수필을 써서 오하이오 주 신문에 발표하여 사람들을 놀라게 했다.

어린 시절부터 그의 친구였던 존 행크스는 링컨이 얼마나 책 읽는 일에 열심이었는지에 대해 이렇게 진술했다.

> "링컨은 어렸을 때부터 '책벌레'여서 이웃집의 책들은 모조리 다 빌려 보고, 먼 마을에까지 가서 책을 빌려다 보곤 했습니다."

그는 한 분야에 국한되지 않고 역사, 철학, 과학, 문학, 종교 등 다방면의 책들을 읽었으며, 그 가운데서도 문학 서적과 법률 서적을 좋아했다. 특히 링컨은 셰익스피어의 작품들을 좋아해서 그의 책들은 모두 섭렵했으며, 셰익스피어 매니아로 알려질 정도였다.

그는 측량사와 우체국 직원으로 일할 때 법률 서적에 흥미를 느끼게 되었다. 그때 마침 친구인 변호사 존 스튜어트가 링컨이 법률 서적을 재미있게 읽는 것을 보고는 법률 공부를 해서 변호사가 되는 게 어떻겠냐고 권유했다. 이것이 계기가 되어 링컨은 열심히 법률을 공부하여 변호사가 될 수 있었고, 많은 독서 덕분에 변호사들 가운데서도 상식이 풍부하고 유능한 변호사로 인정받을 수 있었다.

링컨의 변호사 초기 시절에 한집에 살았던 친구 조수아 스피드는 그에 대해 이렇게 말했다.

"내가 자다가 새벽에 일어나 보면 종종 링컨은 그때까지도 잠을 자지 않고 책과 씨름하고 있었습니다. 그는 보기 드문 '책벌레'였습니다."

링컨의 손에서는 항상 책이 떠나지 않았다. 그는 해마다 자기의 키만큼 책 읽는 것을 목표로 했다. 키가 커질수록 그의 책 읽는 분량도 늘어났음은 말할 것도 없다. 그는 대통령이 되어서도 바쁜 업무에도 불구하고 결코 책 읽는 일을 멈추지 않았다. 육체의 건강을 위해 음식이 필요하듯, 내면의 성장을 위해 책 읽기가 필요함을 잊지 않았던 것이다. 그래서 그는 197cm라는 육체적으로 큰 키만큼 내면의 모습도 위대한 거인으로 성장할 수 있었다.

"주의 말씀을 묵상하려고 내 눈이 야경이 깊기 전에 깨었나이다"(시 119:148).

링컨이 사랑했던 성경구절

"내가 주의 법을 어찌 그리 사랑하는지요
내가 그것을 종일 묵상하나이다.
주의 말씀의 맛이 내게 어찌 그리 단지요
내 입에 꿀보다 더하니이다.
주의 말씀은 내 발에 등이요
내 길에 빛이니이다."
(시 119:97, 103, 105)

링컨의 신앙 고백이라 할 수 있는 말씀이다. 링컨의 생애는 한마디로 성경을 사랑하고 실천한 생애였다. 그는 어린 시절부터 어머니의 무릎에서 성경을 배웠으며, 대통령이 되어서도 성경을 통해 인생의 안내를 받았다. 그는 앞길이 캄캄할 때는 영혼의 양식인 말씀을 먹고 새 힘을 얻었으며, 하나님께서 그의 길에 밝은 빛을 비추어 주시는 것을 경험할 수 있었다.

다섯 번째 이야기

링컨에게 영향을 준 책들

**내가 가장 좋아하는 친구는
책을 한 권 선물하는 사람이다. −A. 링컨**

어린 시절 링컨이 소유했던 책은 전부 합쳐 4권이었다고 한다. 그러나 그 4권의 책은 링컨의 인생을 바꾸어 놓았고 그를 위대한 대통령으로 만들었다. 그 책들은 그의 사고를 지배했고, 그의 인생의 큰 틀을 형성시켰던 것이다.

첫 번째로 그가 소유한 책은 '성경'이었다. 어머니로부터 물려받은 성경은 하나님 앞에서 자신의 존재를 바라보도록 했으며, 인생에 대한 질문을 던지게 했다. 또한 인간은 연약한 존재이고 하나님의 도움이 필요하다는 사실을 깨닫게 해주었다. 그가 자주 입술로 고백했듯이, 성경의 십계명은 그의 마음을 비추는 등불이 되어 여러 유혹이 다가올 때마다 곁길로 가지 않도록 지켜 주었다. 이처럼 성경이 그의 인생에 가장 큰 영향을 준 책이라는 사실은 두말할 필요도 없을 것이다.

두 번째로 그가 소유한 책은 워싱턴 전기였다. 먼 마을에 살고 있는 앤드류 크라포드의 집에서 일을 해주던 링컨은 그의 서재에서 워싱턴 전기를 보게 되었다. 그는 주인에게 허락받고 그 책을 빌려와서 양초가 다 타들어갈 때까지 밤새 책을 읽었다. 그러다 그만 잠이 들고 말았는데, 공교롭게도 그 날 밤에 비가 많이 쏟아져 빌려온 책이 흠뻑 젖게 되었다. 젖은 책을 말려 손질해 보았지만 돌려주기에는 이미 많이 파손되고 말았다. 그는 급히 주인에게 달려가 사정을 말했다. 그는 책 값 대신 농사일을 해주기로 하고, 그 일을 다한 후에야 비로소 워싱턴 전기를 자신의 것으로 소유할 수 있었다. 링컨은 워싱턴 전기를 반복해서 읽으면서 대통령에 대한 그림을 어렴풋이나마 그려 나갔다. 워싱턴의 정직과 조국에 대한 충성심은 어린 링컨의 마음을 사로잡았고, 그의 삶의 모델로 자리잡게 되었다. 그가 대통령이 되기까지 워싱턴 전기는 그의 마음속에서 살아 움직이는 안내자 역할을 해주었다.

세 번째로 그가 소유한 책은 존 번연의 천로역정이었다. 아버지가 오래전에 읽었던 낡은 책 천로역정을 창고에서 꺼내 링컨에게 건네 주자 그는 뛸 듯이 기뻐하며 그 날로 단숨에 책을 읽어 내려갔다. 천로역정은 예수님을 믿는 '크리스천'이 천국에 들어가기까지 험난한 나그네로서의 인생길을 걸어가는 내용을 그리고 있다. 링컨은 천로역정을 읽으면서 무엇보다 천국을 사모하게 되었고, 그리스도인의 앞길에도 장애물이 많다는 사실을 깨닫게 되었다.

네 번째로 그가 소유한 책은 이솝 우화였다. 이솝 우화는 링컨이 책을 좋아한다는 소문을 들은 한 부인이 선물한 책이었다. 링컨은 이솝 우화를 통해 지혜와 풍부한 상상력, 유머 그리고 재치를 배울 수 있었다. 이솝은 노예의 신분이었다고 하는데, 그런 환경 가운데서도 빛나는 유머와 재치가 가득한 작품을 썼고, 링컨은 바로 그런 점을 주시했던 것이다.

결국 링컨이 어린 시절 자주 읽었던 이 4권의 책은 그가 장성한 후에 읽었던 다른 어떤 책들보다 더 의미 깊은 것들이라 할 수 있다. 다시 말해 그를 성경의 사람이 되게 했고, 정직한 대통령이 되도록 이끌었고, 천국을 사모하는 사람이 되게 했으며, 지혜와 유머의 사람으로 만들었다.

> "주 여호와께서 학자의 혀를 내게 주사 나로 곤핍한 자를 말로 어떻게 도와줄 줄을 알게 하시고 아침마다 깨우치시되 나의 귀를 깨우치사 학자같이 알아듣게 하시도다"(사 50:4).

링컨이 사랑했던 성경구절

"이 율법 책을 네 입에서 떠나지 말게 하며
주야로 그것을 묵상하여 그 가운데 기록한 대로
다 지켜 행하라 그리하면 네 길이 평탄하게 될 것이라
네가 형통하리라 내가 네게 명한 것이 아니냐
마음을 강하게 하고 담대히 하라 두려워 말며 놀라지 말라
네가 어디로 가든지 네 하나님 여호와가
너와 함께 하느니라 하시니라."

(수 1:8-9)

링컨이 스프링필드를 떠날 때, 한 후원자가 깃발에 여호수아 1장의 말씀을 새겨 그에게 선물했다. 링컨은 그의 선물에 감사하며 이렇게 말했다.

"이 성경구절은 하나님께서 대통령의 임무를 시작하기에 앞서 스프링필드를 떠나는 저에게 사명을 일깨워 주시는 말씀이라고 생각합니다. 여호수아가 모세의 뒤를 이어 이스라엘의 지도자가 되었을 때 그는 많이 당황하고 두려워했지만, 하나님을 의지하고 담대하게 자신의 사명을 감당하여 승리자가 되었습니다. 저 역시 이 말씀을 붙들고 맡겨 주신 사명을 감당하면 어떤 어려운 일을 만나든지 넉넉하게 승리할 줄로 믿습니다."

여섯 번째 이야기
링컨의 성경 사랑

> 나는 영의 식탁에 나가기 전에
> 육의 식탁에 나간 적이 없다. −A. 링컨

성경 없이 링컨은 없었다? 감히 이렇게 말할 수 있는 것은 링컨의 인생이 성경과 함께 숨쉬고, 성경과 함께 산 위대한 생애였기 때문이다. 미국 학생들의 교재 중에 미국을 사랑했던 사람들(*The American Patriot's Handbook*)이라는 책을 보면, 다음과 같이 링컨을 소개하고 있다.

그는 가정 형편이 어려워 학교 공부는 많이 하지 못했지만 '성경을 읽고 또 읽어'(He read and reread the Bible) 위대한 사람이 되었다.

어린 링컨이 친어머니로부터 유일하게 물려받은 것은 바로 손때 묻은 성경책 한 권이었다. 어머니 낸시는 틈만 나면 통나무 의자에 앉아 성경책을 펼치고는 이야기보따리를 풀었다. 아브라함과 이삭과 야곱과 요셉 이야기로 시작해서 노예생활을 하던 이스라엘을 애굽에서 구원해 낸 모세, 용맹스럽던 다니엘의 경험, 유대 임금 다윗의 역사, 욥의 인내, 불병거를 타고 하늘로 올라간 엘리야의 이야기 등 어머니의 성경 이야기는 끝이 없었다. 링컨은 그때를 회상하며 말했다.

"지금도 어머니가 들려주시던 성경 이야기가 귀에 쟁쟁합니다. 어머니는 나를 성경으로 키워 주셨습니다."

어린 시절 링컨은 가정 형편이 어려워 정식으로 학교 교육을 받는 대신 성경 읽기에 열중했다. 성경은 링컨의 가장 가까운 친구였다. 링컨의 유일한 교과서는 성경이었고, 유일한 교사는 어머니 낸시였으며, 유일한 교육 내용은 성경 이야기였다. 그는 이렇게 성경을 통해 자신의 미래를 키워 나갔다.

변호사 시절 그는 법정에서 자유자재로 재치 있게 성경구절을 인용하여 사람들의 사랑과 존경을 받았다. 한번은 그가 죽어가는 노부인의 유언장을 작성해 주기 위해 친구 그린과 함께 그 집을 방문한 적이 있었다. 노부인은 링컨이 유언장을 다 작성하자 힘겨운 목소리로 이렇게 부탁했다.

"나는 하나님을 믿고 진심으로 사랑하지만 죽음을 맞이하기가 두렵습니다. 나를 위해 성경 몇 구절이라도 읽어 줄 수 있겠습니까?"

링컨은 흔쾌히 평소에 즐겨 암송하던 시편 23편을 읊어 주었다.

> "여호와는 나의 목자시니 내가 부족함이 없으리로다……나의 평생에 선하심과 인자하심이 정녕 나를 따르니 내가 여호와의 집에 영원히 거하리로다."

그 노부인은 그날 밤, 링컨이 암송해 주는 성경구절을 들으면서 편안히 눈을 감을 수 있었다.

이번에는 링컨이 대통령이 된 후의 일이다. 노예제도 문제로 남북전쟁이 발발했던 때, 전국은 전쟁의 소용돌이로 아비

규환의 상태였다. 그러나 링컨은 이러한 전쟁 상황 중에도 전혀 흔들림이 없었다. 참모들이 링컨에게 물었다.

"나라가 위태로운 상황인데 어떻게 이토록 평온하실 수가 있습니까?"

링컨은 확신에 찬 목소리로 대답했다.

> "나는 지금까지 성경을 묵상하고 하나님께 기도하면서 국가의 미래를 그분께 맡겼습니다. 하나님께서는 우리가 하나님 편에 서 있기만 하면 승리하리라는 확신을 주셨습니다."

결국 링컨의 확신대로 남북전쟁은 연방군(북군)의 승리로 끝나게 되었다. 전쟁이 링컨의 승리로 끝나자 노예 신분에서 해방되어 자유인이 된 흑인들은 뛸 듯이 기뻐했다. 그들은 자신들에게 자유를 허락한 링컨에게 의미 있는 감사의 선물을 전달하길 원했다. 그것은 다름 아닌 '성경'이었다. 그들은 580달러라는 거액의 돈을 들여 가죽 성경에 금박을 입히고, 성경의 겉표지에 쇠사슬에 매여 있는 흑인 노예들의 족쇄를 벗겨 주는 링컨의 모습을 새겨 그에게 선물했다. 링컨은 그들의 값진 선물에 감격하며 이렇게 말했다.

"여러분의 사랑의 선물에 몸둘 바를 모르겠습니다. 저는 성경이야말로 하나님께서 인간에게 주신 가장 값진 선물이라고 믿습니다. 저는 어려서부터 죽 하나님의 선물인 성경의 보화를 캐기 위해 성경을 묵상해 왔습니다. 이 성경 속에는 예수 그리스도의 값진 보화들이 다 들어 있습니다. 저는 남북전쟁으로 나라의 어려움이 계속되는 동안 시편 34편 6절의 말씀을 암송하며 이를 통해 힘을 얻을 수 있었습니다. '이 곤고한 자가 부르짖으매 여호와께서 들으시고 그 모든 환난에서 구원하셨도다.' 이 말씀이 저를 낙심과 좌절에서 일으켜 세워 주었습니다."

지금도 일리노이 스프링필드에 있는 링컨 도서관을 방문해 보면 그가 특별히 사랑했던 성경구절 시편 34편이 펼쳐져 있는 것을 볼 수 있다. 링컨의 손때 묻고 눈물로 얼룩진 성경은 그의 성경에 대한 사랑과 신앙이 얼마나 깊었는지를 보여 준다. 또한 그가 사랑했던 시편 34편의 말씀이 링컨을 붙들어 주고 미국을 구원한 사실에서 성경 말씀의 능력을 새삼 확인할 수 있다.

링컨을 존경했던 미국의 26대 대통령 시어도어 루스벨트는 어려운 일을 만날 때면 백악관에 걸려 있는 링컨 초상화를 바라보며 '이럴 때 링컨이라면 어떻게 했을까?' 하고 생각했다고 한다. 그는 자기가 존경하는 링컨에 대해 한마디로 이렇게 표현했다.

> "링컨 대통령은 성경책 한 권으로 만들어진 사람입니다. 그분은 성경 속에서 배운 진리를 자기 실제 생활에 적용해서, 자신의 일생을 더할 나위 없이 영광스러운 생애로 만들었습니다. 그분은 성경과 함께 숨쉬고 성경과 함께 산, 위대한 하나님의 사람입니다."

링컨은 대통령 취임식 석상에서 조그맣고 낡은 성경책을 들고 나와 이렇게 고백했다.

> "이 낡은 성경책은 바로 어머니께서 저에게 물려주신 성경입니다. 저는 이 성경책으로 말미암아 대통령이 되어 여기 이 자리에 서게 되었습니다. 저는 성경 말씀대로 이 나라를 통치할 것을 약속드립니다."

이처럼 링컨의 성경 사랑은 성경말씀을 읽지 않는 오늘날의 많은 그리스도인들에게 '세상의 떡(빵)으로만 살 것이 아니라 하나님의 입에서 나오는 모든 말씀으로 살아야 승리한다'는 신앙의 교훈을 심어 준다.

"주의 말씀의 맛이 내게 어찌 그리 단지요 내 입에 꿀보다 더 하니이다 주의 말씀은 내 발에 등이요 내 길에 빛이니이다"
(시 119:103, 105).

Abraham Lincoln

2. 가난과 실패를 극복한 힘

일곱 번째 이야기
정직한 청년 에이브

정직과 지식은 나의 보배요 재산이다. −A. 링컨

링컨이 일리노이 주 뉴살렘에서 잡화상 점원으로 일할 때의 일이다. 22살의 링컨은 상점 주인인 오펏의 전적인 신뢰를 받으며, 부지런히 일했다. 그는 이미 똑똑하고 믿음직스런 젊은이로 소문이 나 있었다. 그러던 어느 날, 링컨이 저녁 늦게 장사를 마치고 하루 동안의 수입을 결산하는데, 몇 번이나 계산을 해 보아도 셈이 맞지 않는 것이었다.

'왜 6센트가 남는 것일까?'

그는 의아해 하며 그날 가게를 다녀간 손님들의 얼굴을 떠올렸다. 한 사람씩 주고받은 금액을 따져보다가 단골 손님인 앤디 할머니에게 거스름돈을 덜 준 것을 알게 되었다.

'그래, 맞아! 앤디 할머니께 거스름돈을 덜 드렸구나!'

그는 가게 문을 닫고 그 늦은 밤에 멀리 떨어진 앤디 할머니 댁으로 찾아갔다.

"앤디 할머니! 오폇 상점의 에이브입니다. 죄송합니다. 제가 착각을 해서 거스름돈 6센트를 덜 드렸습니다."

숨을 헐떡이며 링컨이 6센트를 내밀자 앤디 할머니는 깜짝 놀랐다.

"이보게 청년! 이 6센트 때문에 이렇게 밤늦은 시간에 그 먼 길을 왔단 말인가?"

"6센트가 아니라 1센트라도 당연히 와서 돌려드려야지요."

"그래도 그렇지, 다음에 내가 가게에 들르면 그 때 줘도 될 것 아닌가?"

"아닙니다. 오늘 잘못은 오늘 바로잡아야지요."

"자네는 정말 소문대로 정직한 청년이로군! 자네는 이 다음에 반드시 큰 인물이 될걸세."

앤디 할머니는 링컨의 정직함에 탄복하며 칭찬을 아끼지 않았다.

한번은 이런 일도 있었다. 링컨이 가게 문을 막 닫으려는 밤

늦은 시간에 한 손님이 갑자기 들어왔다.

"여보게, 링컨! 집에 손님이 찾아왔는데 마침 마실 차가 똑 떨어졌지 뭔가? 그래서 들렀네. 차 500g만 주게나!"

이렇게 해서 물건을 판 링컨은 다음날 아침, 가게 문을 열고 물건들을 정리하다 저울의 눈금이 잘못되어 있는 것을 발견했다. 저울의 눈금이 '0'이 아닌 50g을 가리키고 있는 것이었다.

순간 링컨은 어제 밤늦게 찾아왔던 손님을 떠올렸다. 그는 즉시 그 손님의 집으로 달려가 자기의 실수를 말하고 50g의 차를 되돌려주며 이렇게 말했다.

"급하게 문을 닫으려는 마음에 저울의 눈금을 제대로 확인해 보지 못하고, 손님에게 손해를 입혀 죄송합니다!"

결국 이런 일들은 마을 주민들을 감동시켰고, 링컨은 "정직한 에이브"라는 호칭을 얻게 되었다.

1833년, 25살 때 링컨은 우체국 근무를 한 적이 있었다. 작은 마을의 우체국이라 집배원과 우체국장의 역할을 겸해서 했었다. 세월이 흘러 링컨이 스프링필드에서 변호사로 활동하던 때였다. 그 때 뉴살렘에서 우체국을 다시 개설하는 문제로 과거의 재정 관계를 확인하는 과정에서 17달러의 돈이 빈다는 사실을 발견했다.

이 말을 전해 들은 링컨은 우체국으로 달려가 예전에 그만둘 때 정리해 놓았던 빛 바랜 서류함을 꺼내 보였다. 그곳에는 놀랍게도 그가 우체국에서 근무할 당시의 서류들과 주인을 찾지 못해서 전해 주지 못했던 물건들, 그리고 17달러의 돈이 고스란히 남아 있었다.

"나는 그 동안 내 물건이 아닌 것에는 절대 손을 대지 않았습니다. 사실 나는 언젠가는 이곳에 다시 우체국이 개설될 것을 믿었지요. 그래서 그 당시 사용했던 중요한 문서들과 물건들을 잘 정리해서 넣어 두었습니다."

옆에서 이를 지켜 보던 사람들은 링컨이 공금 사용에 빈틈이 없었음을 다시 한번 인식하게 되었다.

링컨이 26살이던 1834년은 그가 일리노이 주 의회 의원으로 출마하던 해였다. 당 본부에서는 그에게 2백 달러의 선거 자금을 지원해 주었다. 그 당시 링컨에게 2백 달러는 엄청나게 큰 돈이었지만 선거를 치르기에는 턱없이 부족한 액수였다. 대부분의 정치가들은 정해진 선거 비용 이외에도 선거에 당선되기 위해 추가로 많은 돈을 사용했고, 이것은 마치 관행처럼 여겨졌었다.

마침내 주 의회 선거는 끝이 나고, 링컨이 주 의회 의원으로 당선되었다. 그러자 링컨은 그가 받았던 2백 달러의 선거 자금 중에서 199달러 25센트를 당 본부로 되돌려 보냈다. 돈과 함께 봉투 속에는 다음과 같은 편지가 들어 있었다.

선거 연설회장을 위해 사용한 비용은 제가 지불했습니다. 그리고 여러 곳의 선거 유세장을 돌아다니는 데 드는 교통비는 내 말을 탔기 때문에 전혀 들지 않았습니다. 다만 나와 함께 선거 운동을 하는 사람들 가운데 나이 드신 분들이 목이 마르다고 해서 음료수를 사서 나누어 드렸습니다. 음료수를 사 드린 값으로 75센트가 들었는데, 영수증을 여기에 동봉합니다.

링컨의 '75센트의 명세서'는 많은 사람을 놀라게 했다. 당 본부의 사람들은 선거 자금을 되돌려 보낸 사람이 그 동안 한 사람도 없었기 때문에 놀라움을 금치 못했고, 주민들도 링컨이 돈 한 푼 사용하지 않고 선거에 당선되었다는 사실에 모두들 깜짝 놀랐다.

링컨의 '75센트의 명세서'는 그를 정직한 청백리 정치인의 대명사로 만들었고, 세월이 흐를수록 더 큰 지지와 존경을 얻게 했다.

> "돈을 사랑함이 일만 악의 뿌리가 되나니 이것을 사모하는 자들이 미혹을 받아 믿음에서 떠나 많은 근심으로써 자기를 찔렀도다"(딤전 6:10).

여덟 번째 이야기
변호사 링컨

거짓이 잠깐은 통할 수 있지만 영원히 통할 수는 없다.
-A. 링컨

링컨이 유명 변호사로 활동하던 때였다. 한번은 스프링필드의 마을 가까운 숲 속에서 살인 사건이 발생했는데, 암스트롱의 아들 더프가 범인으로 지목받고 재판장 앞에 서게 되었다. 그것은 진짜 범인에게 매수된 마을 사람 찰스 앨런이 재판관에게 더프가 사람을 죽이는 광경을 두 눈으로 직접 목격했다고 거짓 진술을 했기 때문이었다. 이제 더프는 꼼짝없이 유죄 판결을 받고 감옥으로 들어갈 형편에 놓이게 되었다. 평소 링컨을 잘 알고 있던 더프의 어머니 헤나는 링컨을 찾아와 아들의 변론을 부탁했다.

링컨은 재판 서류들을 꼼꼼히 살펴보고 살인 현장을 둘러본 후에, 더프가 범인이 아니라는 확신을 갖게 되었다. 링컨은 솔선해서 피고인 더프의 무료 변론을 맡겠다고 나섰다.

재판은 진행되었고 찰스 앨런이 증인으로 불려 나왔다. 링컨이 증인에게 물었다.

"증인은 10월 18일 밤 11시쯤에 피고인이 사람을 죽이는 광경을 직접 목격했다고 진술했는데, 어디서 그 광경을 보았습니까?"

"사건이 발생한 큰 나무 곁, 동쪽으로 20-30m 쯤 떨어진 숲 속에서 보았습니다."

"그 때는 늦은 밤이라 캄캄했을 텐데, 어떻게 그가 피고인인 줄 알았습니까?"

"달이 밝아 그의 얼굴을 정확하게 보았습니다."

"피고인의 얼굴을 본 것이 틀림없습니까?"

"그렇습니다. 제가 두 눈으로 똑똑히 보았습니다."

링컨은 큰 소리로 재판장에게 말했다.

"증인은 지금 거짓말을 하고 있습니다. 10월 18일 밤 11시에는 달이 없었습니다. 그 날 밤에는 초승달이 떴는데, 밤 11시 무렵에는 그나마 있던 초승달도 사라져서 아무것도 볼 수 없었습니다!"

그 말을 들은 증인 찰스 앨런은 말을 더듬거리며 변명을 늘어놓기 시작했다.

"저……, 어쩌면 그 때 시간이 밤 11시가 아니고……, 사실 저는 시계를 가지고 있지 않았습니다."

그러자 링컨은 증인을 날카롭게 쏘아보며 말을 이었다.

"좋습니다. 그럼, 그때가 좀더 이른 시간이었다고 칩시다. 그렇다면 나무 그림자는 동쪽으로 드리워져 있었겠지요. 그리고 그 때 증인은 동쪽 숲 속에 있었고요. 제 말이 맞습니까?"

"네, 맞습니다."

"만일 피고인이 큰 나무 서쪽 편에 서 있었다면, 증인은 나무 때문에 그를 볼 수 없었을 것이고, 만약 그가 큰 나무 동쪽 편에 서 있었다면, 증인은 나무 그늘 때문에 피고인을 볼 수 없었을 것입니다. 그런데도 증인은 동쪽 풀숲에 숨어 피고인의 얼굴을 똑똑히 보았다고 증언했습니다. 더구나 캄캄한 어둠 속에서 20-30m나 떨어진 곳에서 피고인의 얼굴을 똑똑히 봤다는 것은 거짓말이 분명합니다!"

링컨이 하나하나 따져 잘못을 지적하자, 찰스 앨런은 아무 말도 하지 못하고 고개를 떨구고는 겁먹은 목소리로 모든 사실을 털어놓았다.

링컨의 변호로 더프는 살인범이라는 누명을 벗게 되었다. 그는 뛸 듯이 기뻤다. 그러나 그는 곧 비싼 변호사 수임료를 어떻게 지불해야 할지 몰라 고민에 빠졌다. 링컨은 그의 형편을 알고 있었기 때문에 무료 변호를 자청했었는데, 그는 아직 그 사실을 몰랐던 것이다. 링컨은 그의 어깨를 두드리며 이렇게 위로했다.

> "걱정하지 말게나! 내가 먹고 마실 양식은 하늘에 이미 다 준비되어 있다네. 나는 단지 악인의 동조자가 되고 싶지 않아서 이 사건을 변호했을 뿐이네."

링컨은 1850년에 법률 강의를 한 적이 있는데, 그의 강의 노트에는 그의 생각이 잘 정리된 다음과 같은 기록이 담겨 있다.

> 변호사는 어떤 사람이 되어야 하는가?
> 사람들은 일반적으로 생각하기를 변호사는 정직하지 못하고, 정직하게 해서는 안 되는 직업이라고 생각한다. 그러나 그것은 잘못된 생각이다. 만약 변호사라는 직업을 선택하길 원하

는 사람이 있다면, 단 한 순간이라도 이런 부정직한 생각을 해서는 안 된다. 어떤 상황에서든지 정직하기를 결심하라. 그리고 자기 스스로 판단하기에 만약 정직한 변호사가 되지 못할 것 같으면, 변호사가 되지 말고 정직한 사람이 되라.

링컨은 자신이 맡은 일은 끝까지 책임을 지는 변호사로 신용을 얻었으며, 그의 정직과 성실에 대한 소문이 파다하게 퍼져 연방 법원의 업무까지 도맡아 하게 되었다. 1842년, 링컨은 낸시 R. 도어맨이라는 사람이 맡긴 사건을 12년간이나 매달려서 결국 소송을 승리로 이끈 적이 있는데, 그 사건은 링컨의 끈기와 정직을 보여 준 좋은 기회였다. 이렇게 유명해진 그였지만 '수임료가 고객에게 큰 부담을 주어서는 안 된다'고 생각하고 있었고, 그것을 몸소 실천에 옮겼다. 어느 날 소송이 승리로 끝나자 고객이 25달러의 수임료를 보내 왔는데, 링컨은 다음의 편지와 함께 돈의 일부를 보냈다.

"저를 꽤 비싼 사람으로 대우해 주시는군요. 귀하께서는 저를 위해 너무나 많은 돈을 지불하셨습니다. 이 사건의 변호사 수임료는 15달러면 충분합니다. 여기 나머지 돈 10달러는 되돌려 보냅니다."

"만일 네 입술이 정직을 말하면 내 속이 유쾌하리라"(잠 23:16).

링컨의 직업들

링컨은 켄터키 주의 작은 시골 마을에서 태어나 대통령이 되기까지 참으로 다양한 직업들을 가졌다.

그가 경험해 본 직업만도 무려 열한 종류나 되는데 이런 다양한 직업들은 그가 변호사로서 또한 정치인으로서 국민들을 섬기는 데 많은 도움을 주었다. 그가 가졌던 직업들은 다음과 같다.

농부, 뱃사공, 막노동꾼, 장사꾼(점원),
군인(민병대장), 우체부(국장), 측량사,
변호사, 주 의원, 하원의원, 대통령.

아홉 번째 이야기
조수아 스피드와의 멋진 우정

만나는 사람마다 교육의 기회로 삼아라. -A. 링컨

링컨에게는 조수아 스피드라는 둘도 없는 절친한 친구가 있었다. 링컨과 스피드의 만남은 링컨이 스프링필드로 이사 온 후 침대를 사기 위해 한 가구점에 들렀을 때 시작되었다.

링컨은 경제적으로 넉넉하지 못해 단칸방을 구하는 일조차 쉽지 않았다. 급한 대로 침대를 구입하기 위해 가구점에 들렀지만 돈이 턱없이 부족했다. 결국 그는 주인에게 사정 이야기를 하고, 외상을 부탁했다.

"저는 며칠 전에 뉴살렘에서 이사 온 변호사 링컨이라고 합니다. 가구를 구입해야 하는데 가진 돈이 턱없이 부족합니다. 돌아오는 크리스마스까지 외상으로 주시면 변호사 수임료로 빚을 갚도록 하겠습니다. 그러나 손님들이 찾아오지 않으면 못 갚을지도 모릅니다."

젊은 상점 주인 조수아 스피드는 링컨의 소박한 외모와 솔직함에 호감이 갔다.

"저희 집에 아주 큰 방이 있는데, 마침 침대도 있고, 둘이 사용하기에는 괜찮아요. 당신만 좋다면 환영입니다."

"그 방은 어디 있죠?"

링컨이 물었다.

"가게 2층이에요. 이쪽 계단으로 올라가면 됩니다."

링컨은 즉시 2층으로 올라가 보고는 기뻐서 외쳤다.

"벌써 제 이삿짐을 옮겨 놓았습니다!"

이렇게 해서 링컨과 스피드의 멋진 우정이 시작되었다. 스피드가 제공한 방은 링컨이 성경을 포함한 법률, 문학, 철학 서적 등을 마음껏 읽으며 미래를 준비할 수 있는 편안한 곳이었다. 스피드는 링컨과 많은 대화를 나누면서 그가 변호사뿐만이 아니라 정치인의 길도 준비하고 있다는 사실을 알게 되었다.

스피드는 링컨을 위해서 자신이 줄 수 있는 모든 도움을 아끼지 않았다. 그는 저녁이면 자신의 가구점을 젊은이들에게 개방해서 문학 모임과 정치적인 토론장이 되도록 했다. 링컨은 그곳에 모인 젊은이들 앞에서 자주 공개 연설을 할 기회를 갖게 되었고, 사람들로부터 좋은 평을 받았다.

링컨과 스피드는 시간이 있을 때면 함께 일리노이 주립대학을 방문해서 법률학 강의를 듣고 각자의 생각을 나누며 열띤 토론을 벌이기도 했다.

그들의 우정은 시간이 흐를수록 점점 더 깊어졌고, 서로에게서 많은 장점들을 발견하였다. 스피드는 링컨의 성실함과 정직함을 좋아했다. 아침 일찍 일어나 성경을 묵상하고 하루의 일과를 시작하는 링컨, 변호사로서 성실하게 자신의 일을 준비하고, 도움이 필요한 사람이 있으면 언제나 솔선해서 도와주는 링컨, 스피드는 그런 링컨을 존경하며 좋아했다. 또한 링컨은 스피드의 따뜻하고 넉넉한 마음을 좋아했다. 항상 먼저 다른 사람에게 사랑을 베풀어 주고, 자기의 것을 다 내어주면서도 거만하지 않고, 친구가 잘되는 것을 자기 일처럼 기뻐하는 스피드, 링컨은 그런 스피드를 존경하며 좋아했다.

스피드가 가구점을 정리하고 켄터키의 가족들에게 돌아갈

때까지 그들은 5년 가까운 세월을 동거 동락하며 지냈다. 링컨은 친구 스피드와 함께 사는 동안 스프링필드에서 가장 주목받는 젊은 변호사로 성장하였으며, 정치가로서의 기반도 탄탄히 다지게 되었다.

스피드가 켄터키에 있는 동안에도 링컨은 그의 집을 방문해 3주 동안 머물기도 했다. 스피드의 어머니도 링컨을 좋아해서 친자식처럼 대해 주었다. 링컨이 떠날 때 스피드의 어머니는 값진 옥스퍼드 성경을 선물로 주시며 그의 앞날을 축복해 주었다. 그들은 켄터키와 스프링필드에 떨어져 있는 동안에도 많은 편지를 주고받으며 서로에게 조언을 아끼지 않았다.

두 사람의 우정은 링컨이 대통령이 되어서도 변함없이 지속되었다. 링컨은 스피드가 보고 싶을 때면 그를 백악관으로 초청해서 옛날 젊은 시절 함께했던 추억을 회상하며 밤새 정담을 나누곤 했다. 링컨에게 있어서 친구 스피드를 만나는 순간만큼은 대통령 링컨이 아니라 보통 사람 링컨으로 돌아가서 자유를 만끽할 수 있는 시간이었다. 스피드는 링컨에게 편안함을 주는 친구였고, 그와의 만남과 대화는 과중한 업무로 피곤에 지쳐 있는 링컨에게 새로운 활력을 불어넣어 주었다.

링컨은 대통령으로 있는 동안 스피드에게 그의 마음을 담아 이런 편지를 보냈다.

> 사랑하는 친구! 나는 자네의 도움을 평생 잊지 못하고 있네. 자네의 도움이 없었다면 나는 오늘 이 자리에 존재하지 않았겠지!……나는 요즘 성경 읽기에 몰두하고 있고, 성경을 통해 많은 유익을 얻고 있네. 자네도 성경을 이해하기 위해 이성으로 노력해 보고, 자네의 믿음과 조화시켜 보면 어떻겠나? 그렇게 한다면 지금보다 훌륭한 인생을 살게 될 것이라고 나는 확신하네. 내가 진심으로 바라기는 자네도 나와 같이 성경을 사랑하는 사람이 되는 것일세.

스피드는 친구 링컨의 조언을 따라 성경을 더욱 사랑하고, 신실한 그리스도인으로서 그의 남은 생애를 하나님께 헌신했다.

링컨과 스피드의 우정은 마치 다윗과 요나단의 우정처럼 맑고 깨끗한 수채화 같다. 그들은 서로에게 줄 수 있는 가장 좋은 것을 주려고 했다. 그러면서도 상대방에게 그에 대한 보상을 요구하지 않았다.

그들의 우정은 세월이 흐를수록 더욱 깊어졌고, 재물과 권세로 더럽혀지지 않았으며, 지금까지 모든 사람들이 부러워하는 멋진 친구 관계의 모범이 되고 있다.

"요나단의 마음이 다윗의 마음과 연락되어 요나단이 그를 자기 생명같이 사랑하니라……요나단은 다윗을 자기 생명같이 사랑하여 더불어 언약(약속)을 맺었으며 요나단이 자기의 입었던 겉옷을 벗어 다윗에게 주었고 그 군복과 칼과 활과 띠도 그리하였더라"(삼상 18:1-4).

에피소드

노신사와 외투

청년 링컨에게 급하게 시내에 나갈 일이 생겼는데, 그에게는 말과 마차가 없었다. 마침 그때 시내를 향해 마차를 타고 가던 노신사를 만나게 되었다.

"죄송합니다만 저의 외투를 시내까지 갖다 주실 수 있겠습니까?"
"외투를 갖다 주는 거야 어렵지 않지만 어떻게 시내에서 자네를 만나 외투를 전해 줄 수 있겠소?"
"그거야 염려하실 것 없습니다. 제가 항상 그 외투 안에 있을 테니까요."

열 번째 이야기
위험한 결투

> 타인의 나쁜 점을 말한다는 것은 언제나 자기 자신에게
> 손해를 가져온다는 사실을 기억하라. 상대의 좋은 점을 말하라.
> 그리하면 자신도 남도 이롭게 되리라. −A. 링컨

미국 대통령 취임식 때 대통령은 자신이 좋아하는 성경구절을 택해 취임 선서를 한 후, 성경에 입을 맞춤으로써 하나님의 말씀에 대한 경외심을 나타낸다. 이것은 초대 대통령 워싱턴 때부터 지금까지 내려오는 전통이다.

링컨 대통령이 특별히 좋아해서 취임 선서를 할 때 사용한 성경 구절은 마태복음 7:1의 말씀이다.

"비판을 받지 아니하려거든 비판하지 말라."

링컨이 이 말씀을 평생 가슴 속에 새기게 되기까지 그의 인생에 커다란 전환점이 된 사건이 있었다.

링컨은 어린 시절 장난이 아주 심했다. 그는 곧잘 다른 사람들을 골탕 먹였고, 누군가를 비난하는 글을 써서 사람들 눈에 잘 띄는 길거리에 떨어뜨려 놓고는 사람들이 그 글을 읽고 재미있어 하는 모습을 지켜 보곤 했다.

이러한 링컨의 좋지 않은 습관은 변호사 시절에도 나타났다. 링컨은 평소 잘난 척 잘하는 아일랜드 출신의 젊은 정치인 제임스 쉴즈를 못마땅히 여겼다. 어느 날 그를 골탕 먹이기로 작정한 링컨은 익명으로 쉴즈를 비난하는 글을 써서 스프링필드 저널에 실었다. 이 글이 지역 신문에 게재되자 평소 쉴즈에 대한 감정이 안 좋던 마을 사람들은 재미있다고 배꼽을 잡고 웃었다.

그 투서의 장본인이 링컨이라는 사실을 알게 된 쉴즈는 극도로 흥분하여 링컨에게 달려가 목숨을 건 결투를 신청했다. 링컨은 자신의 잘못을 사과하며, 결투를 피해 보려고 애썼지만 이미 분노로 가득한 쉴즈의 마음을 돌이키기에는 역부족이었다. 결국 링컨은 목숨을 잃을지도 모르는 화급한 상황에 처하게 되었다. 설사 자기가 쉴즈보다 힘이 세어서 싸움에 이긴다고 해도 자기 인생에 큰 오점을 남기게 될 것은 불을 보듯 뻔한 일이었다.

링컨은 어쩔 수 없이 쉴즈와의 결투를 위해 검 잘 쓰는 친구에게 검의 사용법을 자세히 지도받으며 싸움에 대비했다. 드디어 약속된 결투의 날이 다가왔고, 두 사람은 결투 장소인 미시시피 강변에서 만났다. 목숨을 건 결투가 시작되기 직전, 그때까지도 링컨은 서로의 목숨을 빼앗는 싸움만은 피하길 원했다. 그래서 링컨은 마지막으로 친구들에게 중재를 부탁했고, 다행히 쉴즈가 그의 사과를 받아들여 피를 부르는 결투는 중단되었다.

그러나 이 사건은 링컨의 마음에 잊을 수 없는 큰 충격을 주었고, 이로 인해 그는 자신의 좋지 못한 습관이 얼마나 큰 화를 자초하는지를 절실히 깨닫게 되었다. 링컨은 쉴즈의 사건을 거울 삼아 그 이후로 두 번 다시 다른 사람을 비방하거나 모욕하는 일은 하지 않았으며, 오히려 다른 사람을 칭찬하고 높여 주는 사람이 될 것을 마음속으로 결심하였다. 그리고 마태복음 7:1의 말씀을 평생 마음에 새겼다. 그는 아내나 주변 사람들이 다른 사람들을 나쁘게 말할 때면 그들을 변호하고 감싸 주며 이렇게 말하곤 했다.

"그 사람들을 책망하지 마세요. 우리들도 그들과 같은 상황에 놓인다면 똑같은 행동을 취할 것입니다."

"사람의 행위가 여호와를 기쁘시게 하면 그 사람의 원수라도 그로 더불어 화목하게 하시느니라"(잠 16:7).

" 미국 역대 대통령이 취임식에서 사용했던 성경구절 "

조지 워싱턴
"요셉은 무성한 가지 곧 샘 곁의 무성한 가지라
그 가지가 담을 넘었도다……네 아비의 하나님께로 말미암나니
그가 너를 도우실 것이요 전능자로 말미암나니
그가 네게 복을 주실 것이라
위로 하늘의 복과 아래로 원천의 복과
젖 먹이는 복과 태의 복이리로다"(창 49:22-25).

에이브러햄 링컨
"비판을 받지 아니하려거든 비판하지 말라"(마 7:1).

앤드류 존슨
"왕의 마음이 여호와의 손에 있음이
마치 보의 물과 같아서 그가 임의로 인도하시느니라
사람의 행위가 자기 보기에는 모두 정직하여도
여호와는 심령을 감찰하시느니라……
지혜로도, 명철로도, 모략으로도 여호와를 당치 못하느니라
싸울 날을 위하여 마병을 예비하거니와
이김은 여호와께 있느니라"(잠 21장).

시어도어 루스벨트
"너희는 도를 행하는 자가 되고 듣기만 하여
자신을 속이는 자가 되지 말라
누구든지 도를 듣고 행하지 아니하면
그는 거울로 자기의 생긴 얼굴을 보는 사람과 같으니"
(약 1:22-23).

드와이트 아이젠하워
"내 이름으로 일컫는 내 백성이 그 악한 길에서 떠나
스스로 겸비하고 기도하여 내 얼굴을 구하면
내가 하늘에서 듣고 그 죄를 사하고 그 땅을 고칠지라"(대하 7:14).

리처드 닉슨
"그가 열방 사이에 판단하시며 많은 백성을 판결하시리니
무리가 그 칼을 쳐서 보습을 만들고 그 창을 쳐서 낫을 만들 것이며
이 나라와 저 나라가 다시는 칼을 들고 서로 치지 아니하며
다시는 전쟁을 연습지 아니하리라"(사 2:4).

지미 카터
"사람아 주께서 선한 것이 무엇임을 네게 보이셨나니
여호와께서 네게 구하시는 것이
오직 공의를 행하며 인자를 사랑하며
겸손히 네 하나님과 함께 행하는 것이 아니냐"(미 6:8).

로널드 레이건
"내 이름으로 일컫는 내 백성이 그 악한 길에서 떠나
스스로 겸비하고 기도하여 내 얼굴을 구하면
내가 하늘에서 듣고 그 죄를 사하고 그 땅을 고칠지라"(대하 7:14).

조지 H. 부시
"예수께서 무리를 보시고 산에 올라가 앉으시니
제자들이 나아온지라……심령이 가난한 자는 복이 있나니
천국이 저희 것임이요……그러므로 하늘에 계신
너희 아버지의 온전하심과 같이 너희도 온전하라"(마 5장).

빌 클린턴
"자기의 육체를 위하여 심는 자는
육체로부터 썩어진 것을 거두고 성령을 위하여 심는 자는
성령으로부터 영생을 거두리라"(갈 6:8).

열한 번째 이야기
어머니와의 약속

술은 사회를 병들게 하는 암으로
사회를 파괴하기 위해 벼르고 있다. -A. 링컨

 링컨은 하원의원으로 재직했을 당시 처가가 있는 켄터키 렉싱턴 지역을 방문했었다. 그때 마차를 함께 타고 가던 육군 대령이 링컨에게 시원한 위스키 한 잔을 권했다. 링컨은 정중하게 사양하며 이렇게 말했다.

 "대령님, 고맙습니다만 저는 위스키를 마시지 않습니다."

 그러자 대령은 주머니에서 담배를 꺼내더니 "술을 마시지 않는다면 그럼, 담배라도 한 대 피우시지요! 이 담배는 켄터키에서 가장 좋은 담배입니다." 라며 링컨에게 권하는 것이었다.

 "죄송합니다, 대령님. 저는 담배도 피우지 않습니다. 왜 제가 술과 담배를 안 하는지 이유를 말씀 드려도 되겠습니까? 제가 열 살때였습니다. 어느 날 어머니께서 저를 침대 곁으로 부르시고는 말씀하셨습니다. 그 때 어머니께서는 몸이 많이 불편하셨습니다. '에이브야, 의사 선생님께서 내가 회복되지 못할 거라고 하시는구나. 나는 네가 훌륭한 사람이 되어 주기를 진심으로 소원하며 기도하고 있단다. 내가 죽기 전에 나와 약속 하나 해줄 수 있겠니? 평생 동안 술과 담배를 입에 대지 않겠다고 말이다.' 저는 그때 어머니께 그렇게 하겠다고 약속을 드렸습니다. 저는 그때 이후로 지금까지 어머니와의 약속을 지켰습니다. 이것이 제가 술과 담배를 사양하는 이유입니다."

함께 마차를 타고 있던 대령은 어렸을 때 한 어머니와의 약속을 지키는 링컨에게 머리를 숙여 존경의 뜻을 표했다.

링컨이 16대 대통령에 당선되었을 때 기쁨과 감격에 환호하는 지지자들이 링컨의 당선을 축하하기 위해 링컨의 집으로 모여들었다. 링컨의 가까운 사람들은 이미 그가 신앙인으로서 그리고 어머니와의 약속을 지키기 위해 술과 담배를 하지 않는다는 사실을 알고 있었다. 그렇지만 링컨의 참모들은 축하객들에게 오늘만큼은 포도주나 위스키를 제공해야 하지 않겠냐고 제안했다. 그 말을 들은 링컨은 이렇게 대답했다.

"우리 집에는 아무 술도 없습니다."

"알고 있습니다. 저희가 장만하겠습니다."

"아닙니다. 나는 나 자신이 하고 싶지 않은 일을 여러분에게 하라고 명령하고 싶지 않습니다."

그럼에도 불구하고 대통령 당선을 축하하는 술이 링컨의 집으로 배달되자, 링컨은 정중하게 감사를 표시하고는 모두 되돌려 보낸 후 청중들에게 이렇게 인사를 했다.

> "사랑하고 존경하는 여러분! 저는 오늘 포도주나 위스키로 여러분을 대접하지 못함을 죄송하게 생각합니다. 그러나 그것은 저의 신앙이며, 어릴 적 어머니와의 약속을 지키기 위함입니다. 오늘은 제가 평소에 포도주 대신 애용하고, 가족들에게도 권장하는 건강 음료를 여러분에게 대접하려고 합니다. 이 음료수는 샘에서 방금 길어 온 생수인데 시원하고 건강에도 참 좋습니다. 자, 함께 마십시다!"

링컨은 냉수 잔을 들고 마시며 그들에 대한 최고의 존경을 표시했다. 링컨을 축하하기 위해 모인 많은 사람들도 비록 그에게 술과 고기로 좋은 음식 대접을 받지는 못했지만 대통령의 진실한 신앙과 검소함과 끝까지 어머니와의 약속을 지키려는 모습에 큰 감동을 받았다.

이처럼 그가 국민들로부터 변함없는 존경과 신뢰를 받을 수 있었던 것은 작은 약속이라도 소중하게 여기는 그의 진실한 신앙 때문이었다.

> "포도주는 거만케 하는 것이요 독주는 떠들게 하는 것이라 무릇 이에 미혹되는 자에게는 지혜가 없느니라"(잠 20:1).

열두 번째 이야기

유머와 재치의 남자

**나같이 밤낮으로 긴장하는 사람이
만일 웃는 일도 없었다면 벌써 죽었으리라. -A. 링컨**

 미국의 대통령들 가운데 링컨과 레이건이 가장 탁월한 유머 감각을 지닌 지도자로 뽑혔다. 그런데 링컨의 순발력 있는 재치와 유머 감각은 레이건보다 더 앞선 것으로 평가되었다. 링컨은 누구보다 인간의 본성을 깊이 이해했고, 상대방과 대화를 나누거나 정치적인 논쟁을 벌일 때 유머를 적절히 사용해서 사람들의 시선을 집중시켰고, 논쟁을 유리하게 이끌곤 했다.

 링컨이 상원의원 선거에 입후보하여 더글러스 후보와 겨루게 되었을 때였다. 두 사람이 합동 선거 유세를 하던 날, 더글러스 후보가 링컨의 과거 경력을 문제 삼아 그를 비방하기 시작했다.

"링컨 후보는 그가 전에 경영하던 상점에서 팔아서는 안 될 술을 팔았습니다. 이것은 분명히 법을 어긴 일이고, 이렇게 법을 어긴 사람이 상원의원에 당선된다면 이 나라의 법과 질서를 어떻게 바로잡을 수 있겠습니까? 그러므로 링컨은 상원의원이 되어서는 절대 안 될 사람입니다."

이 말을 들은 청중들은 술렁이기 시작했다. 모두들 이번에는 링컨이 더글러스 후보의 공격에 꼼짝없이 무릎을 꿇게 되었다고 생각하며 걱정스럽게 링컨을 바라보고 있었다. 그러나 링컨은 전혀 당황하거나 흥분하는 기색을 보이지 않고 이렇게 답변했다.

"예, 그렇습니다. 더글러스 후보가 말한 것은 사실입니다. 그러나 본인이 그 상점을 경영하던 당시 더글러스 후보는 저의 가게에서 가장 술을 많이 사 먹은 최고의 고객이었습니다. 그리고 더 확실한 사실은 저는 이미 술 파는 계산대를 떠난 지가 오래되었지만 더글러스 후보는 여전히 그 상점의 충실한 고객으로 남아 있다는 것입니다."

청중들은 링컨의 재치 있는 답변에 큰 소리로 열광하며 박수를 아끼지 않았다. 얼굴이 벌겋게 달아오른 더글러스는 신속하게 화제를 돌려 다시 링컨을 공격하기 시작했다.

"링컨은 말만 그럴 듯하게 하는, 두 얼굴을 가진 이중인격자입니다."

링컨은 이번에도 당황하지 않고 차분한 음성으로 응수했다.

"더글러스 후보가 저를 두고 두 얼굴을 가진 사나이로 몰아세우고 있습니다. 좋습니다! 그의 말이 사실이라면 여러분께서 잘 생각해 보시기 바랍니다. 만일 제가 두 얼굴을 가진 사나이라면, 오늘같이 중요한 날, 왜 제가 이렇게 못생긴 얼굴을 가지고 나왔겠습니까?"

사람들은 모두 손뼉을 치며 배꼽을 잡고 웃었다. 이처럼 링컨은 더글러스 후보의 공격에 당황하거나 감정적으로 대응하지 않고, 유머 섞인 재치 있는 답변으로 청중들을 압도하였다. 오히려 상대의 공격을 되받아 쳐서 위기를 기회로 바꾸었던 것이다.

링컨이 대통령으로 재임하고 있는 동안 상원의원들로부터 일곱 명의 장관을 경질시키라는 압력을 받았다. 링컨이 그 가운데 한 명의 장관만 해임하자, 상원의원들이 그에게 강력히 항의하고 나섰다. 그러자 그는 다음과 같은 이야기를 들려주며 그들의 주장을 무마시켰다.

"밤마다 스컹크들 때문에 괴롭힘을 당하던 농부가 있었습니다. 아내는 날마다 남편에게 '제발 스컹크들을 없애 주세요.'라고 부탁했습니다. 농부는 아내의 성화에 못 이겨 밤중에 장총을 들고 집 밖으로 나갔습니다. 얼마의 시간이 흐른 후, 탕 탕 하는 총성이 들렸고, 잠시 후에 농부가 집안으로 들어왔습니다. 아내가 남편에게 물었습니다. '여보, 스컹크들을 모두 죽였나요?' 농부가 웃으며 말했습니다. '스컹크 일곱 마리가 숲 속에서 엉금엉금 기어 오더군. 그래서 내가 총을 쏘아 한 마리를 잡았지. 그랬더니 나머지 여섯 마리는 모두 놀라서 도망쳐 버렸어. 여보, 스컹크를 한꺼번에 다 잡으려고 하다가 우리까지 위험해질 수 있다는 것을 당신도 알고 있지 않소! 나머지는 겁을 주고 놀라게만 해도 충분하다오. 모두 조심할 테니까.'"

상원의원들은 그의 말뜻을 알아듣고 머리를 끄덕였다. 그리고 나머지 여섯 명의 장관들은 자신의 직책을 더욱 성실하게 잘 감당해 그 후 큰 업적을 남겼다고 한다.

"의인의 입술은 여러 사람을 교육하나 미련한 자는 지식이 없으므로 죽느니라"(잠 10:21).

열세 번째 이야기

7전 8기의 믿음

'길이 약간 미끄럽기는 해도 아주 낭떠러지는 아니야!'
-A. 링컨 〈상원의원 선거에서 낙선한 뒤에〉

어느 날 한 신문 기자가 링컨 옆으로 다가와 이런 질문을 던졌다.

"당신의 놀라운 성공과 존경받는 삶의 비결은 어디에 있다고 생각하십니까?"

링컨은 웃으면서 이렇게 대답했다.

> "그야, 다른 사람들보다 실패를 많이 경험했기 때문이지요. 나는 실패할 때마다 실패에 담겨진 하나님의 뜻을 배웠고, 그것을 징검다리로 활용했습니다. 사단은 내가 실패할 때마다 '이제 너는 끝장이다' 라고 속삭였어요. 그러나 하나님은 내

가 실패할 때마다 '이번 실패를 거울 삼아 더 큰 일에 도전하라'고 하셨습니다. 나는 사단의 속삭임보다 하나님의 음성에 귀를 기울였지요."

링컨의 생애는 '실패와 불행'이라는 글자가 귀찮을 정도로 따라다녔다. 그는 크고 작은 선거에서 무려 일곱 번이나 낙선의 고배를 마셔야 했으며, 사업에도 두 번이나 실패하여 빚을 갚는 데만도 무려 17년의 세월이 걸렸다. 그는 주위의 사랑하는 사람들도 많이 잃었다. 10살 때 어머니를 잃었고, 20살에는 누이 사라마저 세상을 떠났다. 또한 27살 때는 결혼을 약속했던 연인 앤 메이가 갑작스럽게 불치의 병으로 세상을 떠났으며, 42살과 53살에는 각각 둘째 아들 에드워드(5살)와 셋째 아들 윌리엄(12살)을 잃는 아픔을 겪어야 했다.

그가 겪은 사업과 선거의 실패를 열거해 보면 다음과 같다.

1831년- 23세에 사업 실패
1832년- 24세에 주 의회 의원 낙선
1833년- 25세에 사업 실패

1838년 - 30세에 의회 의장직 낙선

1840년 - 32세에 대통령 선거위원 낙선

1844년 - 36세에 하원의원 공천 탈락

1855년 - 47세에 상원의원 낙선

1856년 - 48세에 부통령 낙선

1858년 - 50세에 상원의원 낙선

이렇게 보면 링컨의 인생은 정치가로서도, 사업가로서도 실패한 것처럼 여겨진다. 그러나 링컨의 생각은 달랐다. 그는 선거에서건, 사업에서건 실패할 때마다 주저앉지 않고, 실패라는 장애물을 디딤돌로 바꾸려는 노력을 게을리 하지 않았다. 그래서 마치 오뚝이처럼 넘어질 때마다 잽싸게 털고 일어났고, 자신의 넘어진 자리를 돌아보고 실패의 원인을 분석하는 지혜를 하나님께 구하며 다음 선거를 준비했다.

"나는 선거에서 낙선했다는 소식을 듣자마자 곧바로 내가 자주 가던 레스토랑으로 달려갔습니다. 그러고는 배가 부를 만큼 맛있는 요리를 실컷 시켜 먹었어요. 그 다음은 이발소로 달려가서 머리를 단정하게 손질하고 기름도 듬뿍 발랐습니다. 이제 아무도 나를 실패한 사람으로 보지 않겠지요. 왜냐하면 이제 내 발걸음은 다시 힘이 생겼고, 내 목소리는 우렁차니까요."

링컨이 가던 길은 실패와 불행으로 인해 수없이 중단될 뻔했다. 그러나 끝까지 포기하지 않았기에 역사상 가장 위대한 인물들의 대열에 서서 자신의 불행과 실패를 행복의 자본으로 삼은 대표적인 인물이 될 수 있었다.

링컨의 가슴속에는 넘어질 때마다 붙들어 주던 성경 말씀이 있었다.

"우리가 알거니와 하나님을 사랑하는 자 곧 그 뜻대로 부르심을 입은 자들에게는 모든 것이 합력하여 선을 이루느니라"
(롬 8:28).

링컨은 이 말씀을 자신의 생애에 어려움이 찾아올 때마다 위로와 힘을 주는 말씀으로 사랑하였고, 실패와 불행도 하나님을 사랑하는 자들에게는 모든 것이 합력하여 선을 이룬다고 믿었다. 그의 믿음대로 그는 거듭되는 실패와 불행을 통해 겸손과 인내와 강한 믿음을 소유하게 되었다.

"대저 의인은 일곱 번 넘어질지라도 다시 일어나려니와 악인은 재앙으로 인하여 엎드러지느니라"(잠 24:16).

링컨 광고

1980년 2월 월스트리트 저널에 실린 공익 광고이다.

만약에 당신이 좌절감에 사로잡혀 있다면
이런 사나이를 생각해 보세요.

'그는 초등학교를 9개월밖에 다니지 못했다.
그는 잡화점을 경영하다 파산했는데,
그 빚을 갚는 데만 무려 17년의 세월이 걸렸다.
그는 주 의회 의원 선거에서 낙선했고,
상원의원 선거에서도 낙선했으며,
부통령 선거에서도 낙선했다.
그러나 그는 자기 이름을 항상
A. 링컨이라고 서명했다.'

열네 번째 이야기

작은 거인 더글러스

직접 만나서 이야기하는 것이
나쁜 감정을 해소하는 최상의 방법이다. -A. 링컨

링컨과 스티븐 A. 더글러스는 정치 생활 30여 년 동안 라이벌로서 숙명적인 격돌을 벌인 것으로 유명한 사이다. 당시 그들의 논쟁은 전국적인 관심을 끌었고 링컨과 더글러스 후보의 논쟁이라는 책이 출판되어 베스트셀러가 되기도 했다. 또한 그 두 사람은 정치적인 맞수로서 선거에서의 멋진 연설과 토론으로 전국적인 인물로 부상하게 되었다. 그들은 선거 중에는 상대 후보를 맹공격하기도 했지만 선거가 끝난 뒤에는 화해하고 서로를 존중하고 높여 줄 줄 아는 도량 있는 정치인들이었다.

그들의 만남은 링컨이 주 의원으로 재선되던 해인 1836년으로 거슬러 올라간다. 더글러스는 링컨보다 네 살 아래로 일리노이 주 의원에 당선되면서부터 정치가의 길에 들어섰다. 정치 경력을 따지자면 링컨이 더글러스보다 2년 선배였지만, 오히려 더글러스가 항상 링컨보다 한 발자국 앞서 나갔다.

링컨은 197cm의 장신에 비쩍 마른 체구인데 반해 더글러스는 160cm의 키에 작고 뚱뚱한 체구라 사실 외모상으로는 볼품이 없었다. 그렇지만 뛰어난 정치적 감각과 연설 솜씨로 최연소 하원의원에 당선되어 '작은 거인(Little Giant)'이란 애칭을 얻었으며 많은 사람들의 주목을 받았다.

1846년 링컨이 연방 하원의원에 당선되어 중앙 무대로 진출할 무렵, 이미 더글러스는 1841년 일리노이 주 대법원 판사를 거쳐, 민주당 주 위원장, 연방 하원으로 탄탄 대로를 걷고 있었다. 링컨이 연방 하원의 임기를 마치고 잠시 정계를 떠나 스프링필드에서 변호사 일을 하고 있는 동안도, 더글러스는 승승장구해서 1847년 연방 상원의원이 되어 링컨의 부러움을 사기도 했다.

그들이 정적으로서 가장 치열했던 순간은 1858년의 상원의원 선거와 1860년의 대통령 선거 기간이었다. 그들의 논쟁의 핵심 쟁점은 '노예제도 문제를 어떻게 다루느냐' 하는 것이었다. 당시 미국 사회는 노예제도를 허용할 것인지 폐지할 것인지의 문제로 심각한 갈등을 겪고 있었으며, 대부분의 정치인들은 노예제도 문제를 다루는 것은 '뜨거운 감자'를 건드리는 것으로 생각해서 모두 그 문제만은 회피하려 했다.

그런 가운데 링컨은 노예제도 반대 입장을 분명히 했던 반면, 더글러스는 '캔자스-네브래스카 법안'을 발표해서 "노예제도를 허락하든 금지하든 그것은 연방 정부가 결정할 사항이 아니고, 각 주의 특성과 형편에 따라서 결정할 사항"이라고 주장했다. 결국 그의 주장은 링컨의 '노예제도 반대'의 주장을 강하게 공격한 것이었다. 그는 노예제도를 반대해서 나라가 혼란에 빠지는 것보다 현 상태를 그대로 유지하여 혼란을 막고, 백인들의 기득권을 계속 유지시켜 그들로부터 표를 얻으려는 속셈이었다.

그러나 링컨은 헌법에서 백인과 흑인 모두에게 똑같은 권리를 주고 있으며 연방이 분열되어서는 안 된다고 주장했다. 또한 마태복음 12:25을 인용해서 "스스로 분쟁하고 나뉘는 집이나 나라는 바르게 설 수 없다"고 하며 더글러스의 노예 정책을 비판했다.

그들은 각각 노예제도 문제를 다루는 데 있어서 자신의 정책이 옳다고 국민들의 지지를 호소했다. 밀고 밀리는 대논쟁은 혈전으로 이어졌고, 국민들도 흥미를 가지고 그들의 연설을 들었다. 그러나 누구의 주장이 옳은지 쉽게 마음을 정하지 못했다.

드디어 선거가 끝이 났고, 결과는 더글러스의 승리였다. 전체적으로 보면, 링컨이 12만 5,430표를 얻었고 더글러스는 12만 1,609표를 얻어 링컨이 3,821표를 앞섰지만, 선거법에 의한 주 의회의 투표 결과는 예상을 뒤엎고 링컨이 46석을 얻은 반면, 더글러스는 링컨보다 8석이 많은 54석을 얻었다. 결국 링컨은 전체 투표수로는 더글러스를 이기고도 의석 배분에서 민주당에 뒤져 어이없이 패하고 말았다.

링컨은 선거에서 더글러스에게 패한 것이 마음이 상했지만 자신의 패배를 인정하고, 더글러스의 승리를 축하해 주었다. 그런데 감사하게도 그는 비록 선거에서는 졌지만 더글러스와의 논쟁을 통해 전국적인 명성을 얻었다. 이를 계기로 그는 정치적으로 큰 인물로 부각되어 마침내 공화당 대통령 후보로 선출되는 기회를 얻게 된다.

상원의원 선거가 있은 후 2년 뒤인 1860년, 링컨과 더글러스는 대통령 후보로서 재격돌을 벌이게 되었다. 링컨은 공화당 후보로, 더글러스는 민주당 후보로 나섰으며, 이번에도 '노예 제도 문제'가 가장 큰 핵심 쟁점으로 부각되었다. 더글러스는 지난번처럼 백인들의 표를 의식하고 미국의 독립선언서에는 백인들의 권리만 보장되어 있다고 주장했다.

　"만약 악어와 흑인이 있다면 나는 흑인 편을 들겠지만, 흑인과 백인이 있다면 나는 백인 편을 들 것입니다."

　그러나 링컨은 노예제도에 대한 자신의 입장을 굽히지 않았다.

　"만약 노예제도가 잘못된 것이 아니라면, 잘못된 것은 아무것도 없습니다."

　드디어 치열했던 대통령 선거가 끝이 났고, 결과는 링컨의 승리였다. 선거인단의 투표 결과에 의하면 링컨이 압도적인 승리를 거둔 것이었다. 링컨은 180석을 얻었고, 더글러스는 12석을 얻는 데 그쳤다.

　더글러스는 자신의 패배를 깨끗하게 인정하고, 링컨이 대통령에 취임할 때 최대한 예의를 갖추어 링컨을 축하해 주었으며, 남북전쟁 시에도 앞장서서 링컨을 도왔다.

남군의 공격으로 섬터 군사기지가 함락되자, 링컨은 의용군 7만 5천 명을 모집하기 위해 특별 국회를 소집했다. 의용군을 모집하기 위해서는 국회의 승인을 얻어야 했던 것이다.

링컨은 특별 국회가 열리기 전, 먼저 더글러스를 찾아가 성명서 초안을 보여 주며 협력을 구했고, 더글러스는 링컨의 제의에 기꺼이 응했다. 이러한 더글러스의 도움은 링컨에게 큰 힘이 되었다. 그는 의용군 모집을 반대하는 사람들을 설득하며 이렇게 외쳤다.

"나는 민주당이고 링컨에게 투표하지 않았으며, 링컨이 대통령이 되는 것을 누구보다 반대했던 사람입니다. 그러나 우리는 합중국을 지키기 위해서 링컨 대통령을 중심으로 뭉쳐야 합니다. 나라가 망하는 것을 방관할 수는 없습니다. 이를 위해서는 의용군 7만 5천 명뿐만 아니라 20만, 30만의 의용군이 필요합니다."

더글러스는 국회에서 뿐만 아니라 버지니아, 오하이오, 일리노이의 각 지역을 돌며 국민들에게 의용군의 지원을 호소했다. 그의 설득력 있는 호소는 민주당원들뿐만 아니라 국민들의 마음을 움직였고, 무려 30만 명의 의용군들을 모집할 수 있었다.

1861년 6월 3일, 더글러스는 열병으로 쓰러져 세상을 떠났다. '작은 거인' 더글러스는 '논쟁할 때와 손을 맞잡을 때'를 알았던 정치가였다. 링컨은 그의 죽음을 진심으로 슬퍼하며 백악관에 조기를 내걸고 국민들에게 '위대했던 지도자 더글러스를 위해 30일간 조의를 표명할 것'을 공포했다. 또한 더글러스의 죽음을 애도하며 그를 이렇게 높였다.

> "그는 소인배 정치인이 아니었습니다. 그는 당리 당략을 떠나 나라를 위해 큰 정치를 펼친 진정한 '작은 거인'이었습니다."

링컨과 더글러스는 정적으로 치열하게 경쟁하고 싸우면서도 상대가 도움이 필요할 때는 그 손을 뿌리치지 않고 잡아 주는 넓은 아량을 지닌 사람들이었다. 그런 멋진 협력이 그들을 단순한 정적 관계에서 최고의 화해를 이룬 위대한 정치인들로 만들었던 것이다.

> "다툼을 멀리하는 것이 사람에게 영광이어늘 미련한 자마다 다툼을 일으키느니라"(잠 20:3).

Abraham Lincoln

3. 사랑과 인내의 삶

열다섯 번째 이야기
링컨의 아내 사랑

> 꽃이 자라는 곳에는 언제나 잡초가 난다.
> 나는 잡초를 뽑고, 꽃을 가꾸는 사람이고 싶다. -A. 링컨

링컨의 아내 메리 토드는 켄터키 주의 상류층 출신이었다. 부유한 은행가의 딸로 자라난 그녀는 마담 맨텔이 설립한 귀족 학교에서 사립 교육을 받았다. 그녀는 멋쟁이였고, 지적이었으며, 명랑하고 유머 감각도 풍부했다. 스프링필드에 살고 있던 그녀의 친척들도 그 도시에서 부유하고 명망 있는 가문의 사람들로 널리 알려져 있었다. 그래서 토드의 집안에서는 가난한 링컨과의 결혼을 흔쾌히 허락하지 않았다. 그러나 그녀는 링컨이 장래성이 있으며 자기가 만나 본 남자 중에 가장 믿음직한 사람이라고 가족들을 설득해서, 그녀의 나이 24살, 링컨의 나이 34살 때 결혼식을 올렸다.

링컨과 토드의 결혼생활은 여러 면에서 원만하고 행복했다. 그러나 살아온 가정의 배경과 문화 차이로 인한 갈등이 아주 없지는 않았다. 링컨의 성격이 조용하고 신중한 반면 토드는 약간 충동적이고 성급하며 신경질이 많은 편이었다.

링컨이 변호사로 일하던 시절, 아내 토드는 평소대로 생선 가게 주인에게 신경질을 부리면서 짜증스러운 말을 퍼부었다. 생선 가게 주인은 그것에 대해 불쾌한 표정을 지으며 남편인 링컨에게 항의를 했다. 그러자 링컨은 가게 주인의 어깨에 손을 얹고 웃으며 이렇게 조용히 부탁을 했다.

"나는 15년 동안을 참고 지금까지 살아왔습니다. 주인 양반께서는 15분 동안이니, 그냥 좀 참아 주십시오."

사치스런 면이 있었던 토드는 충동구매도 여러 번 하였다. 남북전쟁으로 모든 면에서 절약해야 할 시기에는 대통령의 부인으로서 모범을 보이기는커녕 값비싼 옷을 사고, 백악관의 호화로운 장식을 위해 예산보다 많은 물건들(초인종, 커튼, 호화 가구, 주문형 카펫, 벽지 등)을 사들여 구설수에 오르기도 했다. 링컨도 아내 토드의 사치와 낭비벽을 꼬집어서 이렇게 충고했다.

"전장에 나가 있는 군인들은 담요 한 장이 없어 고생하는데, 당신이 자신을 위해 그렇게 많은 돈을 사용하고 백악관의 집 한 채를 수리하는 데 2만 달러가 넘는 돈을 지출한다면 국민들이 어떻게 생각하겠소?"

그러나 링컨은 아내가 부잣집 딸로 자란 탓에 사치와 낭비벽이 있다는 것을 진정으로 이해해 주었으며, 그녀의 약점들까지도 감싸 주고 사랑해 주는 자상한 남편이었다.

결혼 초기의 아내 메리 토드는 남편 링컨을 자극하고 격려하며 그의 야망을 북돋아 주는 역할을 했다. 하지만 결혼 후반기의 그녀는 때때로 자제력을 잃고, 계속되는 어려움을 잘 극복하지 못하며, 많은 심리적 불안감과 고통 속에 시달렸다. 링컨 역시 아내의 고통으로 인해 더욱 관용과 인내를 배우게 되었다. 그녀는 4형제(로버트, 에드워드, 윌리엄, 토머스)를 키우면서 큰아들 로버트를 제외하고는 3명의 아들들을 어린 나이에 잃는 아픔을 겪었으며, 남편 링컨까지 암살자의 흉탄에 쓰러지는 비운을 맛보았다. 그로 인해 메리 토드는 정서 불안과 우울증에 시달리며 남은 생애를 보내야 했다.

얼마 전, 링컨의 아내 메리 토드가 친구에게 보낸 친필 편지가 발견되어 많은 화제를 불러일으켰다. 토드는 친구에게 보낸 편지에 이렇게 썼다.

> 나는 존경하던 남편을 잃어버린 사실 때문에 지금도 마음이 아파. 그의 헌신적인 사랑 속에서 나는 정말 행복했어. 더 행복한 세상에서 남편을 만나게 되리라는 소망이 나를 지탱해 주고 있어. 내가 세상을 떠나게 되면 장례식 집례는 스윙 목사님이 해주셨으면 해. 시편 23편을 본문으로 해서 설교해 주실 것을 부탁드려 줘. 부디 나를 사랑하는 남편 옆에 묻어 주기 바래.

1882년 7월 15일 메리 토드가 세상을 떠났을 때, 그녀의 손가락에는 사랑하는 남편 링컨이 결혼식 때 끼워 준 반지가 끼워져 있었고, 그 반지에는 '사랑은 영원하다' 라는 아름다운 문구가 새겨져 있었다.

링컨은 오직 한 여자만을 사랑했고, 그 흔한 스캔들 한번 일으키지 않았다. 그는 한 나라의 대통령으로서 미국을 위해 큰일을 했을 뿐만 아니라 자신에게 특별한 존재인 아내의 행복을 위해 더할 나위 없이 인내하고 헌신하는 남편이었던 것이다.

> "나는 나의 사랑하는 자에게 속하였고 나의 사랑하는 자는 내게 속하였다……"(아 6:3).

에피소드

세 개의 도넛

하루는 링컨의 어린 두 아들 윌리와 태드 사이에 싸움이 벌어졌다. 그 소리가 어찌나 컸던지 이웃집 담장을 넘어설 정도였다. 이웃집 아줌마가 무슨 큰일이라도 벌어진 줄 알고 달려와서 물었다.

"아니, 집안에 무슨 일이라도 생겼습니까?"
그러자 링컨은 너털웃음을 웃으며 이렇게 대답했다.
"걱정하실 필요 없습니다. 인류의 보편적인 문제가 발생했을 뿐입니다."
"도대체 무슨 일인데요?"
"네, 제가 도넛 세 개를 사왔는데, 두 아들 녀석이 서로 자기가 두 개를 먹겠다고 야단이지 뭡니까. 그래서 일어난 싸움입니다. 제가 하나를 먹어 치우면 문제는 간단하니까 아무 걱정하실 필요 없습니다."

열여섯 번째 이야기
월리의 죽음

신앙은 옳은 것을 만드는 힘이다. −A. 링컨

링컨에게는 네 아들이 있었다. 그는 모두를 사랑했지만 그 가운데 특별히 셋째 아들 월리(월리엄의 애칭)를 좋아했다. 그것은 월리가 다른 아이들보다 명랑하고 공부를 잘한 이유도 있었지만, 자신을 너무 빼닮아서 남모르는 애정을 느꼈던 것이다. 월리는 교회 학교 모임에도 잘 참석했고, 주일학교에서 성경구절 암송도 잘해서 선생님들에게 칭찬을 받았으며, 자신의 장래 희망을 이야기할 때마다 '가난한 사람들에게 복음을 전하는 훌륭한 목사님이 되겠다'고 해서 기특하다는 소리를 자주 듣곤 했다.

1862년 2월, 윌리와 태드(토머스의 애칭)는 심한 독감에 걸려 고열로 밤새 한 잠도 못 자고 괴로워했다. 다행히 동생 태드는 병세가 호전되어 곧 회복되었는데, 윌리는 시간이 흐를수록 병세가 더욱 악화되어 며칠째 신음하며 사경을 헤매고 있었다. 링컨과 메리 토드는 밤새 윌리를 간호하며 돌보았지만 별다른 차도가 없었다. 걸리 목사도 백악관으로 찾아와 병상에 누워 있는 윌리를 위해 기도해 주었다. 그런데 윌리는 이미 자기의 죽음을 예감이라도 한 듯, 걸리 목사를 향해 마지막 힘을 내어 이렇게 말하는 것이었다.

"목사님! 하나님께서 나를 부르세요. 그리고 엄마, 아빠! 내가 그 동안 평소에 모아 둔 헌금을 목사님께 전해 주세요. 많지는 않지만 우리 교회 주일학교를 위해서 꼭 써 주세요. 엄마, 아빠, 사랑해요. 사랑해……요."

걸리 목사와 링컨 부부는 윌리의 마지막 숨가쁜 목소리를 들으며 눈시울을 적시지 않을 수 없었다. 잠시 후 윌리는 사람들이 지켜 보는 가운데 평안히 숨을 거두었다. 링컨은 아들 윌리의 죽음 앞에 잠시 흐느끼다 마침내는 통곡하며 부르짖었다.

"내 기특하고 착한 아들, 목사님이 되어 하나님을 기쁘시게 해드리겠다던 나의 아들 윌리! 이 세상에서 살기엔 너무 깨끗해서 하나님께서 너를 부르셨겠지. 그러나 아빠는 너를 보고 싶어 견딜 수가 없구나. 윌리야, 아빠와 엄마가 너를 얼마나 사랑했는지 알지? 윌리야, 사랑하는 윌리야!"

링컨 부부는 윌리의 죽음 앞에 목놓아 통곡하며 망연자실할 수밖에 없었다. 링컨 부부가 윌리의 죽음으로 슬픔에 빠져 있다는 소식을 들은 프란시스 빈튼 목사는 그들 부부를 위로하기 위해 찾아왔다.

"대통령 각하, 윌리는 하늘나라에 살아 있습니다. 그는 하나님을 잘 믿던 착한 아이였습니다. 이제 더 이상 아들 때문에 슬퍼하시거나 괴로워하지 마세요."

"빈튼 목사님, 그 말이 사실이지요? 우리 아들 윌리가 천국에 있는 것이 분명하지요?"

"물론이지요. 제가 지금 말씀드리는 것은 성경에 기록되어 있는 말씀이고, 이 말씀은 바로 구원자이신 예수 그리스도께서 직접 말씀하신 겁니다."

"목사님! 감사합니다. 제가 너무 큰 낙담으로 잠시 하나님의 말씀을 잊고 있었네요."

링컨 부부는 프란시스 빈튼 목사의 위로의 말에 곧 밝은 얼굴을 되찾을 수 있었다.

"주여 내가 무엇을 바라리요 나의 소망은 주께 있나이다"
(시 39:7).

에피소드

영적인 만남

– 링컨에 대한 걸리 목사의 회고

나는 링컨 대통령을 주일 예배와 수요일 기도회 모임 때 만나는 것 말고도 자주 백악관에 초청되어 만났습니다. 한번은 링컨을 만나고 돌아오는 길에 교우 한 사람을 만났는데, 그가 내가 백악관에서 나오는 모습을 보고는 물었습니다.

"링컨 대통령을 만나면 아주 특별한 음식을 드시겠지요? 그리고 식사 후에 대화의 주제는 분명히 남북전쟁일 거고, 대화를 나눈 후에는 링컨 대통령이 전쟁의 승리를 위해 기도 부탁을 하겠지요?"

그러나 그의 생각은 모두 빗나갔습니다. 링컨과의 만남은 주로 이른 아침에 이루어졌기 때문에 아침 식사는 따로 하지 않았으며, 우리의 대화 주제는 남북전쟁이 아니라 그의 개인적인 영적 문제들이었습니다. 그는 윌리의 죽음 이후 하나님 앞에 자신을 바로 세우길 원했거든요.

열일곱 번째 이야기

자상한 아버지 링컨

나는 내 할아버지가 어떤 사람이었는지 잘 모른다.
그보다는 그분의 손자가 어떤 사람이 될 것인가에
더 마음을 쓴다. -A. 링컨

링컨의 네 아들 중 큰아들 로버트는 링컨이 대통령이었을 때 하버드 대학의 재학생이었고, 남북전쟁이 발발하자 군대에 자원 입대하여 군생활을 하고 있었다. 둘째 아들 에드워드는 스프링필드에서 어린 나이에 세상을 떠났으며, 셋째 아들 윌리와 막내 아들 태드만이 백악관에서 함께 생활했다.

그러다가 백악관에서 생활한 지 1년 정도 지난 후에 셋째 아들 윌리마저 갑작스럽게 세상을 떠나게 되고 막내 아들 태드만이 그 큰 집에 홀로 남게 되었다.

막내 태드는 형 윌리의 죽음 이후로 아버지 주위를 맴돌며 링컨의 뒤를 졸졸 따라다녔다. 링컨이 집무를 끝내고 돌아올 때까지 기다렸다가 어깨 위로 올라가 무등을 태워 달라고 졸랐고, 자주 링컨의 집무실로 달려가서는 아버지의 무릎 위로 올라가겠다고 응석을 부렸다. 링컨은 어린 막내 아들 태드의 외로움을 이해하고 그를 꼭 껴안아 주며 그의 응석을 받아 주었다.

어린 태드는 아버지와 함께 있을 때 가장 행복해 했으며, 그것은 링컨 또한 마찬가지였다. 링컨은 정말 자상한 아버지였다. 시간이 허락하는 한 주말에는 백악관 공원 놀이터에서 태드의 친구들과 함께 공놀이도 하고, 책을 읽어 주기도 했다. 또한 어릴 적 어머니가 자신에게 들려주었던 것처럼 성경 이야기를 들려주며 태드와 함께 되도록 많은 시간을 보내려고 애썼다. 그리고 가끔 태드가 무료한 백악관 생활에서 벗어날 수 있도록 재미있는 일들을 준비해 놓고 아들을 기쁘게 해주었다.

하루는 링컨이 아들 태드에게 편지를 손에 쥐어 주며 이렇게 말했다.

"소방서로 가서 이걸 소장님에게 드려라. 그러면 재미있는 일이 기다리고 있을 거다."

아들 태드는 영문도 모른 채 소방서로 달려갔다. 소방서는 평소에 태드가 늘 가 보고 싶어했던 곳으로 백악관에서 멀지 않은 곳에 위치해 있었다. 링컨은 아들 태드가 소방서에 가 보고 싶어하는 것을 알고 있었던 것이다. 편지에는 이렇게 써 있었다.

디크 삭 소방서장님 읽어 보세요!

죄송합니다만 제 아들 태드가 소방서 아저씨들이 펌프로 우물물을 퍼 올리는 광경을 늘 보고 싶어했는데, 아들에게 한번 보여 주시면 참으로 감사하겠습니다.

-A. 링컨

링컨은 아들의 마음을 잘 헤아리고 있었고, 고집쟁이 태드를 다룰 줄 아는 기술이 있었다. 태드가 고집을 피우고 심술을 부릴 때도 링컨은 아들의 마음을 잘 알아서 그의 마음을 금방 바꾸어 놓았다.

어느 날 태드가 감기에 심하게 걸렸는데 약을 먹지 않겠다며 생떼를 부렸다. 엄마인 메리 토드는 아들의 완강한 거부에 당황해 하며 어쩔 줄 몰라 하고 있었다. 그런데 링컨이 태드의 방에 들어갔다 나오자 태드의 태도가 갑자기 돌변해 미소를 지으며 약을 먹겠다는 것이었다. 아들 태드의 손에는 메모지 한 장이 들려 있었고 거기에는 이렇게 써 있었다.

> 사랑하는 아들 태드가 약을 먹은 후에는 아빠가 5달러를 즉시 지불할 것임.
> —약속을 꼭 지키는 정직한 아빠 A. 링컨

이미 두 아들을 하나님 나라로 먼저 보낸 링컨은 막내 아들이 요구하는 것은 할 수만 있으면 다 들어주길 원했다. 남들이 볼 때 그런 그의 모습이 비정상적으로 보일 만큼 그는 아들에게 헌신적이었고 한없이 너그러웠다.

하루는 어린 태드가 아버지 링컨을 만나기 위해 집무실 밖에서 잡담을 하며 기다리고 있었다. 그때 헌병들이 한 병사를 수갑을 채워 끌고 가는 것을 보았다. 그의 죄목은 근무 중에 잠을 잤다는 것이었다. 그 일로 인해 그는 이제 군법회의에 회부될 것이고, 그렇게 되면 군대 감옥에 들어갈 것이 뻔했다.

어린 태드의 눈에 비친 병사의 모습은 너무 불쌍하게 보였다. 태드는 그 병사에게 달려가서 이렇게 말했다.

"아저씨, 제 손을 잡고 저와 함께 가요. 제가 아저씨를 도와줄게요."

태드가 경호원들을 밀치고, 집무실로 들어가려고 하자, 경호원들은 어린 태드를 타이르며 만류했다. 그런데도 어린 태드는 막무가내로 아빠를 만나야 한다고 우겼다. 이로 인해 집무실 밖이 소란스러워지자 링컨이 밖으로 나왔다. 태드는 아빠 링컨을 보자마자 이렇게 호소했다.

"아빠, 이 군인 아저씨를 한 번만 도와주세요. 아저씨가 너무 불쌍해요. 이 아저씨가 너무 피곤해서 실수로 잠이 들었는데, 이번만 용서해 주시면 다음에는 잘할 거예요. 아저씨가 너무 슬퍼하고 있어요. 너무 불쌍해요. 제발, 아빠가 이 아저씨를 한 번만 도와주세요. 아빠, 부탁이에요!"

어린 태드의 간청은 효력이 있었다. 그 병사에게는 한 번 더 기회가 주어졌고, 그는 자기가 근무하던 소속 부대로 돌아가 남은 군대 생활을 충실히 할 수 있었다.

링컨은 자신의 아이들뿐만 아니라 모든 아이들을 너그러운 마음으로 사랑했으며 곤경에 처한 아이들을 돌보아 주고 도움을 아끼지 않았다. 한번은 어린 소년범 재판 사건이 있었는데, 링컨은 "이 어린 소년이 미 합중국에 무슨 해를 끼치겠습니까.

이번 한 번은 용서하고 다시 기회를 주시면 어떻겠습니까?"라며 선처를 구하기도 했다.

링컨은 사람들 사이에서 정치가이기 이전에 '자상한 아빠, 좋은 아저씨'로 불렸다. 링컨은 정치가로 큰일을 한 것 이상으로 '평범한 아빠, 자상한 아빠, 좋은 아저씨'의 역할을 잘했기 때문에 더욱 위대한 인물이 된 것은 아닐까 하는 생각을 해본다.

"내 것은 다 아버지의 것이요 아버지의 것은 내 것이온데 내가 저희로 말미암아 영광을 받았나이다"(요 17:10).

전선의 아들 로버트에게

사랑하는 아들 로버트 보아라!

그 바쁜 싸움터에서 종종 오는 너의 편지를 나와 네 어머니는 되풀이해서 읽고 또 읽는단다. 너는 보내는 편지마다 늘 아버지의 건강을 염려하고 있는데, 너무 염려하지 말아라. 아버지는 건강하게 잘 지내고 있다. 나는 바쁠수록 새로운 힘이 샘솟듯 넘쳐흐른단다. 이 힘은 하나님께서 정의를 위해 싸우라고 내게 주신 힘인 듯 싶구나.

나와 우리 모두는 정의를 위해서 싸우고 있단다. 나는 씩씩하게 싸움터로 나가는 병사들의 모습을 지켜 볼 때마다 감격의 눈물을 억제할 수 없고, 싸움터에서 죽어가는 병사들의 가족들을 생각하면 가슴이 찢어지는 아픔을 느낀단다.

로버트야! 오늘 아침에도 아들 셋을 싸움터로 보낸 후, 아들 모두가 참혹하게 목숨을 잃었다는 비보를 접한 한 아버지가 백악관을 다녀갔다.

또 어제는 자기 오빠가 전투를 하다 큰 부상을 입었다는 소식을 접하고, 간호하기 위해서 먼 시골에서부터 올라온

아가씨도 있었다.
이처럼 어려움을 당한 사람들이 하루에도 얼마나 많이 나를 찾아오는지 그 숫자를 다 헤아릴 수가 없구나……

나의 사랑하는 아들 로버트야!
아버지는 대통령으로 나라 일을 맡아 보는 것보다 내 아들인 네가 군인으로 싸움터에 나가 있는 것이 더 자랑스럽다. 용감히 싸워다오.
위험한 곳에는 남보다 먼저 나가고, 안전한 곳에는 너의 친구를 보내라. 가엾은 친구들의 목숨을 네 목숨보다 더 소중하게 여기기를 바란다.
나는 네가 겁쟁이가 아닌 줄 잘 알고 있다. 그리고 아버지의 명예를 욕되게 하지 않을 자랑스러운 아들임을 믿고 있단다.

용감한 나의 아들 로버트야!
지금 우리 북군의 상황은 그리 좋은 형편이 아니란다. 그러나 하나님께서는 반드시 옳은 자를 도와주실 것을 아버지는 굳게 믿는다.
그리고 북군의 장군 그랜트는 명장이니 반드시 승리할 것이라고 믿고 있다. 우리가 날마다 고대하는 승리의 그날이

오면 이 대륙에는 평화의 빛이 넘쳐흐르고 흑인과 백인이 다같이 한 어머니가 낳은 친형제처럼 진실한 마음으로 손을 맞잡고 기뻐할 것이다.

로버트야! 용감히 싸워라. 2주일 후에는 나도 전선을 시찰하기 위해 떠날 것이니 그때 반갑게 만나자꾸나.

너의 어머니와 동생은 별일 없으니 집안 일에 공연히 신경 쓰지 말고 적진을 향하여 돌진할 일에만 정신을 몰두하거라. 그리고 나의 아들답게, 대통령의 아들답게 병사들의 모범이 되어라. 이것이 아버지가 바라는 가장 큰 소망이다.

사랑하는 아들 로버트야!

아무쪼록 몸 건강하게 정의를 위해서 용감히 싸우는 군인이 되기를 바란다. 그것을 위해 나와 너의 어머니는 하나님께 열심히 기도하고 있단다.

끝으로 그랜트 장군과 여러 친구들에게 안부 전해 주렴.

－사랑하는 아버지가

* 이 편지는 첫째 아들 로버트가 전쟁 중에 군에 입대해 있을 때 링컨이 보낸 답장이다. 한 사람의 아버지로서 아들에 대한 따뜻한 사랑과 애정이 담겨 있다.

열여덟 번째 이야기
링컨의 턱수염

> 불행한 사람의 특징은 그것이 불행인 줄 알면서도 그 방향으로 계속 가는 것이다. 우리 앞에는 불행과 행복의 두 갈래 길이 항상 놓여 있다. 우리는 매일 두 길 중에 한 길을 선택하도록 되어 있다. —A. 링컨

어느 날, 뉴욕 주의 웨스트필드에 사는 그레이스 베델이라는 11살 된 어린 소녀가 엄마와 함께 마을 광장에서 공화당 대통령 후보 링컨이 연설하는 광경을 지켜 보고 있었다. 베델은 링컨의 연설을 들으며 엄마에게 물었다.

"엄마, 저 사람은 누구예요? 연설도 잘하고 훌륭한 사람처럼 보여요."

"그렇단다. 남부에 노예가 있다는 건 너도 알고 있지? 그 불쌍한 흑인 노예들을 해방시키려고 하는 훌륭한 분이란다. 그런데 너무 마르고 광대뼈가 튀어나와서 차가운 인상을 주는 것 같구나. 수염이라도 기르면 따뜻하게 보여 사람들에게 호

감을 줄 듯도 한데……."

"정말 그렇겠어요, 엄마. 저분은 훌륭한 분 같은데 얼굴은 편안해 보이지가 않아요. 엄마, 어떻게 하면 저분을 도울 수 있을까요?"

"글쎄, 네가 편지를 써서 링컨 아저씨가 턱수염을 기르도록 해 보려무나!"

베델은 기뻐하며 그날 밤 바로 편지 한 통을 써서 링컨에게 보냈다. 소녀의 편지는 이런 내용이었다.

> 링컨 아저씨, 저는 아저씨를 무척 좋아하고, 아저씨가 꼭 대통령에 당선되기를 바라는 베델이라는 소녀랍니다. 그런데 이런 말씀 드리기가 참 죄송하지만, 아저씨의 얼굴이 광대뼈가 나오고 뾰족해서 저희 마을 아주머니들이 아저씨 얼굴이 너무 못생겼다고 하세요. 그러니 어쩌면 좋죠? 이건 제 생각인데……, 만일 아저씨가 턱수염을 기르신다면 좀더 따뜻한 인상을 갖게 되어 사람들에게 친근감을 줄 것 같아요. 그러면 틀림없이 아주머니들이 아저씨를 대통령으로 뽑으라고 남편들에게 말할 거예요. 저희 엄마도, 옆집 아주머니도 그렇게 말씀하셨어요…….

대통령 선거 준비로 바쁜 나날을 보내고 있던 링컨은 소녀의 편지를 받고 곧 답장을 써 보냈다.

> 친애하는 베델 양, 친절한 편지에 감사해요. 나에게는 아들만 있고 딸은 없는데, 베델 양의 편지를 받으니 마치 친딸에게 편지를 받은 것처럼 기뻤어요. 그런데 내가 턱수염을 기르면 사람들이 비웃고 놀리지는 않을까요? 하지만 베델 양의 충고를 한번 깊이 생각해 볼게요…….

1861년 2월, 대통령에 당선된 링컨을 태운 열차가 워싱턴을 향해 가다가 잠시 웨스트필드 기차역에 정차했다. 링컨이 기차에서 내리자 수많은 사람들이 열광적으로 그를 환호했다. 그는 참모들에게 말했다.

"이곳에는 나와 편지를 주고받던 소녀가 있습니다. 그 소녀가 여기에 나와 있다면 꼭 만나 보고 싶군요. 그 소녀의 이름은 그레이스 베델입니다. 그 소녀가 수염을 기르면 더 나아 보일 거라고 해서 이렇게 수염을 기르게 됐어요!"

마침내 링컨을 환영하기 위해 마중 나온 그레이스 베델을 찾았고, 그녀는 부모의 손에 이끌려 링컨을 만나게 되었다.

"축하합니다. 링컨 대통령 아저씨!"

베델이 먼저 반갑게 인사했다.

"네가 그레이스 베델이구나! 마음씨만 착한 게 아니라 얼굴도 참 예쁘게 생겼네. 네 충고대로 이 아저씨가 수염을 길러 대통령에 당선되었단다. 정말 고맙다."

링컨은 허리를 구부려 베델을 높이 안아 올리고는 그녀의 양 볼에 입을 맞추었다.

"링컨 아저씨, 수염 때문에 너무 따갑고 간지러워요!"

베델은 목을 움츠리며 수줍게 웃었다.

어린아이의 작은 말도 귀담아 들었던 링컨은 턱수염 덕분에 사람들에게 친근감을 주었고, 인자하고 따뜻한 인상으로 더 많은 사람들에게 사랑을 받았다. 그 이후 링컨의 턱수염은 평생동안 그의 트레이드 마크가 되었다.

> "예수께서 그 어린아이들을 불러 가까이 하시고 이르시되 어린아이들이 내게 오는 것을 용납하고 금하지 말라 하나님의 나라가 이런 자의 것이니라"(눅 18:16).

에피소드

긴 다리, 짧은 다리

한번은 백악관 비서실 사람들 사이에 어떤 다리가 더 보기 좋은지를 놓고 논쟁이 붙었다. 키 큰 사람들은 긴 다리가 보기 좋다고 우겼고, 키 작은 사람들은 통통하고 짧은 다리가 더 낫다고 우겼다. 그때 마침 링컨 대통령이 비서실로 들어왔다. 그러자 다리가 긴 비서가 키가 큰 링컨이 자신의 편을 들어줄 것으로 생각하고 재빨리 그에게 물었다.

"대통령 각하, 사람의 다리가 긴 것이 보기 좋은가요, 아니면 짧은 것이 보기 좋은가요? 아무래도 긴 다리가 낫겠지요?"
링컨은 웃으면서 이렇게 대답했다.
"그야, 사람의 다리가 엉덩이에 붙어 있고, 땅에 닿을 수 있으면 다 보기 좋지요."

열아홉 번째 이야기
아버지는 구두 예술가

훌륭한 사람이 되고자 결심한 사람일수록
사사로운 언쟁으로 시간을 낭비하지 않는다.
사사로운 일들은 크게 양보하라. -A. 링컨

링컨의 가문은 1637년 영국에서 미국으로 이민 온 평범한 그리스도인 가정이었다. 그의 아버지 토머스 링컨은 처음에는 주로 농사일을 하다가 후에는 구두 수선공으로 일했다. 그는 구두 만드는 솜씨가 좋아서 상원의원들까지도 그의 단골 고객이 되었을 정도였다.

아버지가 세상을 떠나고, 링컨이 대통령에 당선되었을 때, 상원의원들은 구두 수선공 토머스 링컨의 아들 에이브러햄 링컨이 대통령이 된 사실에 충격을 받았다. 그들은 대부분 명문 귀족 집안 출신인 데다가 좋은 학벌을 소유하고 있었다. 그에

비해 링컨은 명문 대학은커녕 초등학교도 졸업하지 못했고, 집안도 가난했기 때문에 그의 밑에서 일하는 것을 몹시 불쾌하게 생각했다.

링컨이 대통령에 당선되고 처음으로 상원의원들 앞에서 취임 연설을 하게 되었을 때였다. 링컨이 연설을 시작하려고 하자 거만해 보이는 한 상원의원이 일어나 링컨을 조롱하듯 이렇게 말했다.

"당신이 대통령이 되다니 정말 놀랍습니다. 그러나 당신의 아버지가 구두 수선공이었다는 사실은 잊지 마시기 바랍니다. 가끔 당신의 아버지가 우리 집에 신발을 만들기 위해 찾아왔고, 내가 지금 신고 있는 구두도 바로 당신의 아버지가 만든 것입니다. 지금까지 그런 형편없는 신분으로 대통령에 당선된 사람은 아마 미국 역사에 없을 겁니다."

그의 말이 끝나자 여기저기서 킥킥거리며 링컨을 비웃는 웃음소리가 들려 왔다. 링컨은 눈을 감고 무엇인가 생각하는 듯 아무 말이 없었다. 잠시 의사당 안에는 무거운 침묵이 흘렀다.

링컨의 눈가에는 눈물이 가득 고였다. 그러나 그 눈물은 부끄러움의 눈물이 아니었다. 그의 모습은 담대했고, 조금도 흔들리지 않았다. 잠시 후에 링컨은 그 상원의원을 향해서 이렇게 말했다.

"고맙습니다, 의원님! 한동안 잊고 지냈던 아버지의 얼굴을 떠올리게 해주시니 감사합니다. 제 아버지는 완벽한 솜씨를 가지신 구두 수선공이셨습니다. 저는 아버지의 솜씨를 따라잡으려고 노력했지만 아버지의 실력을 능가할 수 없었습니다. 이 자리에 계신 분들 중에 제 아버지가 만드신 구두를 신고 있는 분들이 계실 겁니다. 그럴 리는 없겠지만 만약 신발에 문제가 생기면 언제든지 제게 말씀해 주십시오. 그러면 제가 아버지 옆에서 곁눈질로 배운 솜씨로 손봐 드릴 수 있습니다. 물론 큰 기대는 하지 마십시오. 왜냐하면 제 솜씨는 아버지 솜씨에 비교조차 할 수 없기 때문입니다. 아버지는 '구두 예술가'이셨거든요. 나는 자랑스런 아버지의 아들이고, 지금도 아버지를 존경합니다."

링컨은 자신을 조롱하고 비웃는 상원의원의 무례한 공격을 받고도 전혀 불쾌한 감정을 나타내지 않고 온유한 말로 받아 넘겼다. 링컨의 말에 상원의원들은 아무런 말도 할 수 없었다.

링컨은 가정 형편이 어려워 학교 공부도 못하고 경제적인 혜택도 누리지 못했지만 부모를 탓하거나 원망하지 않았다. 비록 아버지는 세상 사람들이 볼 때 천한 직업인 구두 수선공이었지만 그는 아버지를 훌륭한 솜씨를 가진 '구두 예술가'라고 자랑했다. 그의 말 한마디는 그 자리에 모인 모든 사람들에게 아버지를 존경의 대상으로 바꾸어 놓았다.

> "지혜로운 아들은 아비로 기쁘게 하거니와 미련한 아들은 어미의 근심이니라"(잠언 10:1).

에 피 소 드

구두닦는 대통령

링컨은 대통령이 되어서도 전과 다름없이 늘 검소하게 생활했다. 또한 매일 아침 일찍 일어나 자신의 구두를 직접 닦는 습관도 가지고 있었다.
하루는 젊은 비서가 링컨이 허리를 굽혀 구두를 닦고 있는 모습을 보고는 송구스러워하며 어쩔 줄을 몰라 했다.

"대통령 각하! 각하께서 구두를 직접 닦으시다니 말이 됩니까? 그런 일은 저희가 하도록 하겠습니다."
그러자 링컨은 웃으며 젊은 비서를 향해 이렇게 말했다.
"자기 구두를 자기 손으로 닦는 게 뭐가 잘못됐다는 말인가? 사람들은 구두 닦는 일을 천한 일로 여기는 모양인데, 모든 일에는 귀천이 없는 것이네. 대통령이란 직업은 귀하고, 다른 직업은 천하다고 생각하는 것은 잘못된 생각이야. 그리고 대통령이 구두를 닦고 있는 게 아니라 구두닦이가 대통령이 된 걸세. 걱정 말고 자네 일이나 하게!"
그러면서 링컨은 젊은 시절부터 익힌 능숙한 솜씨로 구두를 멋지게 닦았다.

스무 번째 이야기
깜짝 선물

남의 자유를 부인하는 자는 자유를 누릴 자격이 없다.
-A. 링컨

링컨이 대통령으로 재직하고 있을 때, 백악관 옆에는 초등학생과 중학생이 함께 다니는 예쁜 건물의 학교가 있었다. 그 학교 학생들은 주로 잘 사는 고위 공직자들의 자녀들이었다. 링컨은 가끔 백악관 창가에 서서 창 밖을 내다보며 아이들이 운동장에서 뛰어 노는 모습을 즐기곤 했다.

어느 날 창 틈 사이로 한 무리의 어린아이들이 웅성대는 소리가 들려왔다. 링컨이 가만히 창 밖을 내다보니, 한 아이가 몇 명의 아이들에게 둘러싸여 놀림을 받아 울고 있었다.
"매일 더러운 옷만 입고, 신발도 지저분한 것을 신고 오는 가난뱅이래요!"

선생님은 학생들에게 깨끗한 복장을 하고, 구두는 반질반질하게 광을 내라고 지시했지만 가난한 소년은 구두가 너무 오래되고 낡아서 반짝반짝 광을 낼 수가 없었다. 그 소년의 아버지는 남북전쟁에 참전했다가 목숨을 잃었고, 어머니는 아이들의 생계를 위해 남의 집을 청소해 주며 가정을 꾸려가고 있었다.

이러한 소년의 딱한 처지를 알게 된 링컨은 마음이 몹시 아팠다. 그래서 그 가엾은 소년에게 줄 깜짝 선물을 준비하여 집으로 배달을 보냈다. 그 속에는 가족들에게 필요한 식료품들이 가득 담겨 있었고, 소년이 입을 멋진 새 옷과 새 구두가 예쁘게 포장되어 있었다.

다음날, 소년은 반짝반짝 광이 나는 구두와 멋진 새 옷을 입고 학교에 갔고, 친구들은 눈이 휘둥그레져서 신기하다는 듯이 소년을 쳐다보았다. 더욱 놀라운 일은 링컨 대통령이 교실에 나타난 것이었다. 링컨 대통령은 칠판에 큰 글씨로 이렇게 적었다.

'지극히 작은 자 하나에게 한 것이 곧 내게 한 것이라.'

"너그러운 사람에게는 은혜를 구하는 자가 많고 선물을 주기를 좋아하는 자에게는 사람마다 친구가 되느니라"(잠 19:6).

Abraham Lincoln

4. 하나님을 의지한 위대한 지도자

스물한 번째 이야기
링컨과 남북전쟁

**내가 싸워야 함은 승리가 아니라
진리를 지키기 위함이라.** −A. 링컨

 1860년대 미국의 북부와 남부는 서로 이해관계가 달랐다. 북부는 상공업을 중심으로 민주주의가 발달해 대체적으로 노예제도에 대해 반대 입장을 표명했던 반면, 남부는 목화 재배를 중심으로 거대한 농장을 운영하고 있었기 때문에 노예제도를 옹호했다.

 이런 상황 속에서 노예제도를 반대하는 공화당의 링컨이 대통령으로 선출되자 노예제도의 존속을 강력히 주장하던 남부의 7개 주(앨라배마, 플로리다, 조지아, 루이지애나, 미시시피, 사우스캐롤라이나, 텍사스)는 그가 취임하기도 전인 1861년 2월 8일, 앨라배마 주의 몽고메리 시에 모여 남부연합을 결성

했다. 그리고 미시시피 출신의 제퍼슨 데이비스를 새로운 대통령으로 선출하고 공식적으로 미연방으로부터의 탈퇴를 선언했다.

이런 상황 속에서 링컨은 1861년 3월 4일 미국의 16대 대통령으로 취임했다. 링컨은 취임과 동시에 "어느 주도 미연방으로부터 분리하거나 탈퇴할 권리가 없다"고 선언함으로써 남부 7개 주의 분리를 인정하지 않았다. 결국 남부연합은 링컨이 취임한 지 한 달밖에 되지 않은 1861년 4월 12일 새벽을 기해 사우스캐롤라이나 주의 수도인 찰스턴 항구에 있던 섬터 요새를 공격했다. 이로써 남북전쟁이 시작된 것이다.

전쟁이 시작되기 직전까지 결정적 태도를 유보하고 있던 남부와 북부 사이의 경계 주(Border States)로 불리는 7개 주 가운데 노예제도를 옹호하던 4개 주(버지니아, 노스캐롤라이나, 테네시, 아칸소)가 남부연합에 가입해 남부연합측은 모두 11개 주로 늘어났다.

남부연합은 섬터 요새 공격의 성공에 힘입어 전쟁을 단숨에 승리로 이끌기 위해 미연방의 수도 워싱턴 공격을 목표로 진군했다. 3개월 만에 북군과 남군은 부를랑 강변에서 대치하여 치열한 전투를 벌였다. 이 전투는 양측 모두에게 전쟁이 쉽게 끝나지 않으리라는 사실을 알려 주었다. 링컨은 즉각 남부의 해상 봉쇄 명령을 내리고 지원병을 모집해서 남부연합(남군)의 공격에 맞섰다. 섬터 요새와 워싱턴 공격 사건 이후 북부에서도 남부연합의 수도인 리치먼드를 공격하라는 여론이 날로 높아갔다. 드디어 북군의 장군 맥클레런이 이끄는 군대가 해로를 이용해 남부연합의 수도인 리치먼드를 공격하기 위해 수도 부근까지 도착했다. 그러나 남군의 유명한 명장 로버트 리의 뛰어난 판단력과 주도 면밀한 작전으로 남부의 수도 리치먼드까지 접근한 북군은 '7일 전투'로 격퇴되고 말았다. 그뿐만 아니라 리 장군을 비롯한 유능한 지휘관을 가진 남군은 적시적소에서 북군을 공략하여 궁지에 빠뜨렸다.

당시 북부의 인구는 남부에 비해 3배나 많았으므로 군사력도 우세했고, 남부에 비해 공장이 많았으므로 무기 생산량도 앞섰다. 그러나 전쟁 초반에 연방군(북군)은 유능한 지휘관들의 부족으로 전세가 계속 불리하게 진행되어 갔다. 당시 가장 유능한 지휘관으로 알려졌던 제퍼슨 데이비스를 비롯해서 명장 로버트 리, 스톤월 잭슨, 젭 스튜어트 등 막강한 지휘관들은 모두 남부연합을 이끌고 있었다.

북군은 유능한 지휘관의 부족과 병사들의 훈련 부족과 전투 경험 부족으로 계속 전쟁에서 패하여 마침내 수도 워싱턴 방위선까지 퇴각하고 말았다. 이런 상황에서 북부의 여론은 여러 갈래로 나눠졌고, 사람들은 자신의 이해관계에 따라 전쟁에 대한 생각을 달리 했다. '우리는 평화를 원한다. 남부를 인정하고 무조건 남부와 타협하라. 우리는 미연방을 원한다. 노예제도 폐지는 우리가 알 바 아니다.' 등등의 원성도 많았지만 '우리는 노예제도 폐지가 우선이다. 연방을 유지하는 일은 그 다음 일이다.' 라는 반대의 입장도 강력했다.

링컨은 분열된 민심을 하나로 만들고, 또 다른 주들이 탈퇴하는 것을 막으며, 극단주의자들의 견해에 이끌리지 않고 균형을 유지하는 일이 무엇보다 중요하다고 생각하고 이를 위해 전적으로 하나님의 도우심과 지혜를 간구했다.

드디어 북군이 고대하던 승리를 1862년 9월 17일 메릴랜드 주의 앤티담 전투에서 처음으로 얻게 되었다. 링컨은 그토록 목말라 하던 승리의 소식을 접하고 그곳을 방문해 병사들과 일일이 악수를 나누며 그들의 사기를 북돋아 주었다. 그때 옆에 있던 한 참모가 말했다.

"대통령 각하! 이제부터 아무 염려하지 마십시오. 하나님은 우리 북군 편이십니다."

그 말을 들은 링컨이 대답했다.

"오직 나의 염려는 내가 하나님 편에 서 있는가 하는 것일세. 우리가 하나님을 향해 서 있기만 하면 언제나 하나님은 우리 편이 되어 주신다네. 하나님께서는 성경의 다윗을 통해서 내게 그 사실을 깨우쳐 주셨네."

실제로 링컨은 성경을 묵상하다가 다윗의 시를 읽고 그 사실을 깨달았다. 그는 다윗처럼 아무리 어려운 상황일지라도 하나님 편이 되길 소원했고, 하나님의 기쁨이 되길 바랐다. 그렇게 하면 하나님께서 그의 모든 삶을 책임져 주실 것이라 굳게 믿었기 때문이다.

링컨은 날마다 겸손히 하나님의 말씀을 묵상하고 기도하며 자신을 하나님께 굴복시켰다. 하나님은 그런 링컨의 마음을 아셨고, 그의 마음을 받아 주셨으며, 그의 편이 되어 주셨던 것이다.

그는 병사들의 행렬을 따라 함께 행군하며 그들의 애로 사항을 들어주고, 격려의 말도 잊지 않았다.

> "이 승리는 시작에 불과합니다. 앞으로 하나님께서는 이보다 더 큰 승리를 주실 겁니다. 하나님께서 이 나라를 지켜 주실 것이고, 여러분을 꼭 축복해 주실 겁니다."

링컨은 북군이 승기를 잡자 1863년 1월 1일을 기해 연방의 모든 노예들에게 "이날 즉시, 그리고 이후로 모든 노예들에게 영원히 자유를 부여한다."라며 노예해방을 선언했다. 노예해방 선언으로 400만 명이나 되는 흑인 노예들은 자유를 얻게 되었고 그들은 북군의 군대에 자원 입대해서 남부 군사들과 싸웠다. 이리하여 전세는 북군에게 유리하게 돌아갔고, 남부의 농장은 노예들의 이탈로 붕괴되었으며, 남군의 사기 또한 저하되었다.

남부의 리 장군은 1863년 7월 1일, 북부 지역 펜실베이니아 주의 게티즈버그 지역으로 진격해 전세를 만회하길 원했다. 남북전쟁 중 최대의 격전지로 알려진 이 게티즈버그 전투에서는 북군의 장군 미드와 남군의 장군 리의 여러 차례 밀고 밀리는 대접전이 계속되었다. 사상자만 무려 4만 3천 명(북군 2만 명, 남군 2만 3천 명)에 이르는 참혹한 전투였다. 링컨은 게티즈버그 전투의 참상을 목격한 후 하나님께 무릎을 꿇고 기도했다.

> "전능하신 하나님 아버지, 이 전쟁은 하나님의 전쟁이며, 저는 하나님의 뜻에 순종하길 원합니다. 당신의 젊은이들이 무참히 죽어가고 있습니다. 저들을 지켜 주시고, 우리가 이 전쟁에서 승리하도록 도와주시면, 저는 평생 하나님을 위해 제 인생을 드릴 것을 약속드립니다."

링컨의 기도대로 7월 4일, 마침내 리 장군은 북군에게 밀려 버지니아로 퇴각하고 말았다. 게티즈버그 전투의 승리로 북군은 전쟁의 기선을 완전히 제압하고 나머지 전투에서도 승리를 얻었다. 링컨은 게티즈버그 격전지를 국립묘지로 지정해 희생자들을 위로했다. 그 후 그는 바로 그 게티즈버그에서 "국민의, 국민에 의한, 국민을 위한"이라는 명연설을 하여 세계 민주 정치의 초석을 놓았다.

게티즈버그 전투 이후, 율리시스 S. 그랜트(18대 대통령) 장군은 군사 요충지인 미시시피 강의 중요 항구인 빅스버그를 점령하였다. 또한 그 해 가을, 셔먼 장군은 험준한 산악 지형인 채터누가 전투에서 승리를 거두었으며, 다시 애틀랜타를 점령하였고, 이어서 대서양을 향해 진격해 12월 20일 마침내 해안도시 서배너까지 함락시켰다. 그리고 나서 그는 링컨에게 다음과 같은 전보를 쳤다.

> 대통령 각하, 아름다운 해안도시 서배너를 크리스마스 선물로 바칩니다.
>
> −셔먼.

링컨은 셔먼 장군의 전보에 답장을 보냈다.

> 존경하는 셔먼 장군, 내게 보내 주신 크리스마스 선물인 서배너를 점령했다는 소식에 깊은 감사를 드립니다. 모든 전투의 성공과 명예는 모두 당신의 몫입니다. 당신은 어둠 속에 있던 사람들에게 큰 빛을 던져 주었습니다. 당신의 군사들에게 감사의 말을 전해 주십시오.
>
> −A. 링컨.

북군이 남부의 가장 중요한 항구 도시 뉴올리언스와 모빌 항 해전에서마저 승리함으로써 남군은 더 이상 힘을 쓸 수 없게 되었다.

북군은 그랜트 장군의 지휘 아래 마지막 대공세를 개시하여, 남부의 리 장군이 저항하고 있던 버지니아 주의 수도 리치먼드와 피터스버그를 포위했다. 그리고 9개월만인 1865년 4월, 남군으로부터 항복을 받아 냄으로써 만 4년 동안의 전쟁은 끝이 났다.

남북전쟁으로 인한 인명 피해는 엄청나서 북부의 군사 200만 명 가운데 전사자가 무려 36만 명이었으며, 남부의 군사도 65만 명 가운데 25만 명이나 목숨을 잃었다.

결국 링컨은 전쟁의 승리를 통하여 미합중국의 분열을 막았으며, 노예제도를 폐지함으로써 흑인들에게 진정한 자유를 허락했다. 그의 승리는 분열된 나라의 통일뿐만 아니라 흑인과 백인, 노예와 주인으로 나뉘어 있던 사람들의 분열을 하나로 만든 진정한 의미의 통일이었다. 링컨의 남북전쟁 승리 이후 미합중국은 서부 개척이 활발하게 이루어졌으며, 상공업의 발달로 부강한 나라의 기틀을 다지게 되었다.

"지혜로도, 명철로도, 모략으로도 여호와를 당치 못하느니라 싸울 날을 위하여 마병을 예비하거니와 이김은 여호와께 있느니라"(잠 21:30-31).

보스턴의 빅스비 부인께!

친애하는 부인!

나는 부인의 다섯 아들들이 전쟁터에서 영예롭게 전사했다는 매사추세츠 주 부사령관의 보고서를 국방부 서류에서 보게 되었습니다.

어떤 말로도 다섯 명의 아들들을 잃은 부인의 커다란 슬픔을 위로할 수 없다는 것을 알고 있습니다.

그러나 나는 부인의 아들들이 이 나라를 구하기 위해 장렬하게 목숨을 바친 일에 대해 감사와 위로의 말을 전하지 않을 수가 없습니다. 나는 우리 모두의 하나님 아버지께 진심으로 기도하고 있습니다.

잃어버린 아들들에 대한 부인의 노여움을 어루만져 주시고, 다만 사랑스런 아들들에 대한 소중한 기억들만 간직할 수 있도록 말입니다.

부인의 아들들이 자유의 제단 위에 바친 고귀한 희생이야말로 대단한 가치가 있는 것입니다. 그것에 대한 자긍심이 부인의 가슴 속에 남아 있기를 기도합니다.

당신의 다섯 아들들에게 진실한 경의를 표하며······.

-1864년 11월 21일 A. 링컨

* 이 편지는 남북전쟁 당시에 다섯 아들들을 한꺼번에 잃은 한 부인에게 링컨이 보낸 위로의 편지이다. 다섯 아들들을 모두 잃고 실의에 빠져 있을 어머니를 위로하는 링컨의 따뜻하고 자상한 마음 씀씀이가 가슴을 뭉클하게 만든다.

스물두 번째 이야기
금식 기도일 선포

나는 어려울 때마다 무릎 꿇고 기도한다.
그러면 신기하게도 내가 알지 못했던 지혜가 떠오른다.
-A. 링컨

 에이브러햄 링컨이 위대한 하나님의 사람이었고, 신앙의 지도자였음을 입증하는 가장 분명한 사례를 꼽는다면, 단연 '금식 기도일 선포'일 것이다. 링컨은 나라가 어려움에 처했을 때 온 국민과 더불어 금식하며 기도했다.

 국가적인 '금식 기도일'이 선포되기 전까지만 해도 링컨이 이끄는 북군(연방군)에는 전쟁을 책임지고 지휘할 만한 유능한 장군이 없어 전세가 계속 불리했었다.
 북군과 남군의 피비린내 나는 치열한 싸움이 계속되는 동안 링컨은 하나님께 기도하는 일을 쉬지 않았다. 그는 기도하는 중에 위기에 처한 나라를 구원하기 위해서는 혼자만 기도하기보다 전 국민이 함께 금식하며 기도해야 되겠다고 생각했다. 노예들이 해방되고 남과 북이 하나 되는 일은 링컨 자신만의 일이 아니라 모든 국민들이 함께 힘을 합쳐야 될 일임을 깨달았기 때문이다.

링컨은 기도하는 가운데, 남부에서 주장하는 노예제도와 미국이 남과 북으로 분리되는 일은 결코 하나님께서 기뻐하시는 일이 아니라는 확신을 갖게 되었다. 그래서 링컨은 1863년 4월 30일 목요일을 '금식 기도일'로 선포하고 온 국민들에게 함께 금식하며 기도할 것을 호소했다.

> 나라를 위해 금식하면서 기도드리는 일은 하나님을 믿는 그리스도인들뿐만 아니라 나라를 사랑하는 모든 국민의 의무라고 생각합니다. 우리의 죄와 허물을 겸손히 고백하고 진심으로 회개한다면 우리 모두는 하나님의 자비와 용서를 다시 경험하게 될 것입니다.
> 우리는 지금까지 하나님을 진심으로 섬긴 나라들만이 축복받았다는 고귀한 진리를 깨달아야 하며 그것은 역사가 증명하

고 있는 사실입니다. 지금 우리 나라를 황폐하게 하고 있는 남북전쟁의 비극은 우리의 부끄러운 죄에 대한 하나님의 형벌이며 또한 국가적인 개혁이 필요하다는 하나님의 신호(표시)입니다.

그동안 우리는 계속되는 성공에 너무 도취되어 아무런 부족함을 느끼지 못할 정도로 교만해졌습니다. 그래서 우리 모두는 우리를 창조하신 하나님께 기도조차 하지 않았습니다. 이제 우리는 진노하신 하나님 앞으로 돌아가 우리 자신을 낮추고 국가적인 죄를 고백하며 하나님의 자비와 용서를 간구해야겠습니다.

링컨의 '금식 기도일' 선포로 국민들은 교회와 가정과 일터에서 하루 종일 금식하며 하나님께 자신들의 죄와 국가적인 죄를 자백하고 용서를 간구하였다. 그리고 피비린내 나는 남과 북의 전쟁이 하나님의 선하신 손 아래서 가장 선한 방법으로 하루 속히 해결되기를 기도했다.

온 국민의 금식 기도가 끝난 후 링컨은 조지 G. 미이드 장군을 사령관으로 세웠고 게티즈버그 전투가 시작되었다. 링컨은 게티즈버그 전투가 계속되는 동안 하나님께 기도드리는 일을 쉬지 않았다.

> 나는 방문을 잠그고 전능하신 하나님께 무릎을 꿇고 게티즈버그 전투에서 승리하게 해달라고 기도했습니다.
> 나는 이 전쟁이 하나님의 전쟁임을 고백했으며, 우리 모두가 하나님의 뜻을 따르게 해 달라고 기도했습니다. 그리고 죄 없이 죽어가는 젊은이들을 지켜 주시도록 간절히 기도했습니다. 또한 어떤 상황에서도 하나님의 뜻을 끝까지 따를 것을 마음으로 굳게 약속했습니다.
> ……기도가 끝난 후에 나의 심령은 이루 말할 수 없이 평안해졌고, 하나님께서는 나의 모든 기도를 받아 주셨으며, 게티즈버그 전투에서 모든 일들이 잘될 것이라는 마음의 확신을 주셨습니다.

링컨이 기도를 끝마치고 얼마 지나지 않아 사령관 미이드가 보낸 메시지가 도착했다.

게티즈버그에서 싸우고 있는 모든 적들은 격퇴되었음.

-미이드 사령관

북군의 게티즈버그 전투의 승리는 남군에게 치명적인 손상을 안겨 주었다. 그래서 나머지 전쟁의 결과도 북군 쪽으로 기울어지게 되었다. 결국 남군의 로버트 리 장군은 북군의 총사령관 그랜트 장군에게 항복을 선언하게 되었다. 링컨과 북군은 물론이고 온 국민은 승리를 주신 하나님께 감사드렸다. 기쁨에 넘친 링컨은 각료들에게 이렇게 말했다.

"나는 하나님께서 우리에게 승리를 주실 것을 알고 있었소.
하나님께서 기도하는 중에 그런 확신을 내게 주셨다오."

링컨은 국민들과 함께 금식하고 기도함으로써 두 개(남부 동맹 11개 주와 북부 동맹 22개 주)로 나뉠 위기에 처한 나라를 구하는 통일 대통령이 되었고, 노예들에게 해방을 안겨 주어 노예들의 아버지가 되었다.

하나님은 링컨이 하나님을 전적으로 신뢰하고 국민들과 함께 금식하며 기도한 것을 귀하게 여기시고 그의 기도에 응답

하셨으며, 그를 위대한 하나님의 사람으로 높이 세워 주셨다.

"나의 기뻐하는 금식은 흉악의 결박을 풀어 주며 멍에의 줄을 끌러 주며 압제당하는 자를 자유케 하며 모든 멍에를 꺾는 것이 아니겠느냐 네가 부를 때에는 나 여호와가 응답하겠고 네가 부르짖을 때에는 말하기를 내가 여기 있다 하리라" (사 58:6, 9).

에피소드

승리 감사 선언문 발표

국가적인 '금식 기도일' 후 가장 치열하고 중요했던 게티즈버그 전투에 이어 빅스버그 전투에서도 승리하자 연방군과 북부지역의 주민들은 기뻐하며 환호하였고, 교회는 하나님께 감사 예배를 드렸다. 링컨도 승리를 주신 하나님께 감사하며, 국민들을 대표해서 대통령의 이름으로 1863년 7월 15일 '승리 감사 선언문'을 발표했다.

"전능하신 하나님 아버지, 고통당하는 모든 사람들의 탄원과 기도에 귀기울여 주시고, 육지와 바다의 전투에서 승리를 주심을 감사드립니다. 우리의 승리는 미연방이 유지되고, 미합중국의 헌법이 수호되며, 우리 모두의 평화와 번영이 영원히 회복되리라는 확신을 하나님께서 보여 주신 것이라 믿습니다.
우리 모두는 마땅히 이 승리를 허락해 주신 전능하신 하나님 아버지의 도우시는 손길과 주님의 권능을 인식하고 감사의 고백을 올려 드립니다."

스물세 번째 이야기

보내지 않은 편지

진실은 드러나게 마련입니다.
속이려 하고, 감추려 해도 반드시 드러납니다. -A. 링컨

  1863년 7월 1일부터 4일까지 펜실베이니아 주의 게티즈버그 지역에서는 남군과 북군 모두 남북전쟁 중에 가장 치열한 전투를 벌이고 있었다. 4일 밤, 리 장군이 이끄는 남군의 병사들은 북군에 밀려 쏟아지는 폭우 속에 포트맥 강변으로 퇴각하고 있었고, 강물은 쏟아진 비로 범람해 도저히 건널 수 없는 상황이었다.

  북군이 계속 추격한다면 리 장군의 군대는 완전히 붕괴되기 직전에 놓여 있었다. 링컨은 이때를 전쟁을 빨리 마칠 수 있는 절호의 기회로 생각하고 '끝까지 추격해서 전투를 승리로 이끌라'고 전보를 쳤다. 이 명령은 신속하게 미이드 장군에게 전

달되었고, 특사까지 파견되어서 당장 공격을 개시하도록 독촉했다.

그러나 미이드 장군은 남군을 공격하지 않았고, 작전 회의를 열어 시간이 지연되는 바람에 강물이 줄어들어 리 장군의 부대는 무사히 강을 건너게 되었다.

링컨은 그 소식을 듣고 몹시 흥분했다.

"아니, 독 안에 든 쥐를 그냥 돌려보내다니! 우리 군대가 조금만 일찍 손을 썼더라면 전쟁은 종결될 수 있었을 텐데. 도대체 이런 절호의 기회를 놓칠 수가……."

자신의 명령을 거역하고 승리의 기회를 놓친 미이드 장군에게 링컨은 말할 수 없는 실망감과 흥분에 사로잡혀 한 통의 편지를 썼다.

미이드 장군 보시오!

나는 남군 총사령관 리 장군의 탈출로 인해, 앞으로 닥쳐올 불행한 사태의 중대성을 귀하가 올바르게 인식하고 있다고 생각하지 않습니다. 남군은 확실히 독 안에 든 쥐였습니다. 당신이 그때 추격만 했더라면 최근에 우리가 거둔 승리와 함께 전쟁은 종결되었을 것이 분명합니다. 이렇게 좋은 기회를 놓쳐 버린 지금, 전쟁의 종결을 기대하기는 어렵게 됐습니다. 장군은 지난 월요일 남군을 추격하는 것이 가장 현명했습니다. 그러나 그것을 하지 못했으니 남군이 강을 건너 버린 지금에 와서 그들을 공격한다는 것은 불가능합니다.

나는 앞으로 장군의 활약을 기대한다는 것이 무리라고 생각합니다. 장군은 하나님께서 주신 절호의 기회를 놓치고 만 것입니다. 그 일로 말미암아 나는 지금 생각지도 못한 고통에 시달리고 있습니다.

-A. 링컨

미이드 장군이 이러한 링컨의 편지를 받아 보고 어떤 생각을 했을까? 그는 링컨에 대해 강한 분노심을 표시하며 전투에서 죽어가는 병사들을 이해하지도 못하는 형편없이 옹졸한 지도자라고 비난했을 것이다.

그런데 사실 미이드 장군은 이 편지를 받지 못했다. 그 이유는 링컨이 편지를 보내지 않았기 때문이다. 이 편지는 링컨이 세상을 떠난 후에 유품을 정리하다가 그의 서랍 속에서 발견

되었다.

　미이드 장군에게 감정적으로 편지를 쓰고 난 후, 그에게 보내지 않고 서랍 속에 넣어 둔 링컨의 마음은 어떠했을까?

　링컨은 자신의 명령을 어기고 전쟁을 끝낼 수 있는 기회를 놓친 미이드 장군에게 무척이나 화가 나서 편지를 썼을 것이다. 그러고는 잠시 창문 밖을 내다보며 많은 생각 속에 잠겼을 것이다. 그는 감정적으로 쓴 편지를 바로 보내는 대신 책상 서랍에 넣어 두고 밤새 참화 속에서 싸우는 미이드 장군과 병사들의 모습을 떠올렸을 것이다. 그리고 자신도 그 상황에 있었다면 미이드 장군처럼 했을 수도 있겠다고 생각하며 마음을 정리했을 것이다. 그리하여 그는 과거의 경험을 거울 삼아 남을 판단하는 일이 아무런 도움을 주지 못한다는 결론을 내렸을 것이고, 아침이 되어 자신이 쓴 편지를 다시 읽어 본 후에 서랍 속으로 던져 넣었을 것이다.

　아무튼 그의 서랍 속에서 발견된 이 편지는 자기 명령을 거역한 부하 장군을 그의 입장에서 이해하려고 노력한 링컨의 인품을 생각해 보게 한다.

"노하기를 더디 하는 것이 사람의 슬기요 허물을 용서하는 것이 자기의 영광이니라"(잠 19:11).

스물네 번째 이야기
노예들의 아버지

**나는 노예가 되고 싶지 않다.
그러므로 노예를 부리는 사람도 되고 싶지 않다. −A. 링컨**

1828년 링컨의 나이 20살 때, 오래전부터 꿈꿔 왔던 장거리 여행의 기회가 그에게 찾아왔다. 그는 스프링필드의 생가몬 강변을 출발해서 장장 1,600km라는 먼 길을 배를 타고 미시시피 강을 따라 여행했다. 드디어 번화한 항구 도시 뉴올리언스에 도착한 그는 4주 동안 그곳에 머물렀다. 시골에서 순박하게 자라난 청년 링컨이 대도시에 와 보니 모든 것이 신기하고 놀라웠다. 그러나 무엇보다 그를 놀라게 한 것은 수많은 흑인들의 처참한 생활상이었다.

그는 항구 주변을 거닐다가 노예를 사고파는 노예 경매 시장을 둘러보게 되었다. 그곳에서 그는 많은 흑인 노예들이 도망가지 못하도록 쇠사슬에 묶여 있고, 백인들에게 짐승처럼 취급당하는 모습을 보았다. 한쪽에서는 노예 경매가 진행되고 있었는데, 노예 상인들이 흑인 소녀를 꼬집고 찌르고, 껑충 껑충 뛰어다니게 했다. 노예의 건강 상태를 점검하는 것이었다. 이 광경을 지켜 본 링컨의 마음속에는 소리 없는 분노심이 끓어올랐다.

'노예제도는 분명 없어져야 해! 나라에서 이런 제도를 그대로 두는 것을 보면, 뭔가 잘못돼도 크게 잘못됐어!'

그 때 이후로 링컨은 노예제도가 옳지 않다는 생각과 함께 노예들에게 자유를 주어야겠다는 다짐을 하게 되었다.

1837년은 그가 주 의원으로 재선되던 해였는데 일리노이 상원과 하원에서는 공동으로 '노예제도 폐지론자 규탄안'을 제출해서 주 의회를 통과(찬성 77표, 반대 6표)시켰다. 링컨은 '노예제도 폐지론자 규탄안'이 통과된 것을 보며 자신의 한계를 느꼈지만, 자신의 소신을 굽히지는 않았다. 그리고 이런 결의안의 통과는 불의하고 악한 정책에 기반한 것이라며 항의문을 보냈다.

> 현 회기 중 주 의회를 통과한 노예문제에 관한 결의안을, 아래 서명한 자는 분명히 반대함을 밝힙니다. 우리는 노예제도가 옳지 않으며 또한 잘못된 정책 위에 세워졌다고 확신하지만, 노예제도 폐지를 법으로 제정함이 이 제도의 폐단을 줄이기보다는 오히려 조장할 수 있다고 염려됩니다. 이와 같이 이미 통과된 결의문의 내용과 우리 의견 사이에는 분명한 차이가 있다는 것을 항의문을 통해 제출하는 바입니다.
>
> -1837년 3월 31일

링컨은 젊은 나이에 이미 노예제도에 대한 자신의 반대 입장을 소신 있게 밝혔다. 물론 그 일로 인해 많은 어려움도 겪었지만 시간이 흐를수록 노예제도 철폐는 흔들리지 않는 그의 정책이 되었다.

링컨은 노예제도를 반대하는 정치가로 많은 사람들의 관심을 끌었다. 링컨이 국회 상원의원 선거에 공화당 후보로 선출되었을 때, 노예제도 문제는 이미 국가적인 이슈가 되어 있었다.

링컨은 노예제도 반대 입장을 분명히 밝혔으나, 상대 후보인 민주당의 스티븐 A. 더글러스는 백인 노예 옹호론자들의 시선을 의식해서 노예제도에 대한 논쟁을 교묘히 피했다. 그는 '노예제도를 폐지하든 존속시키든 자기는 그 일에 상관하지 않고 다만 국민들이 원하는 대로 하겠다'는 애매한 입장을 취했다. 그러나 실상 그는 노예제도를 승인하는 '드레스 판결', 즉 '흑인들은 백인 소유주들의 사유 재산이고 아무런 권리도 없다'는 판결문을 옹호했던 인물이었다.

링컨은 후보들의 소견을 밝히는 연설을 통해 왜 자신이 노예제도를 반대하는지를 분명히 했다.

> 나는 노예제도를 미워하지 않을 수 없습니다. 그것은 그 자체가 법이 될 수 없기 때문이며, 공화국으로서 우리 나라가 전 세계에 모범을 보이지 못하도록 방해하기 때문에 나는 그 법을 증오합니다.
> 노예제도는 자유주의의 적이며, 우리를 위선자로 만들고, 참된 자유를 추구하는 친구들로부터 우리의 진실을 의심하게 하며, 특별히 독립 선언문의 정신을 비난하고 있기 때문에 나

는 그 법을 미워합니다.

노예제도는 정의와 사랑에 반대되는 인간의 이기심에 기초하고 있습니다.……80여 년 전에 이 나라는 하나님 안에서 모든 인간은 평등하게 창조되었다고 선언함으로써 시작되었습니다. 그러나 몇몇 이기적인 사람들은 다른 사람을 노예로 삼는 것이 '자유의 권리'라는 주장으로 우리의 근본 정신을 쇠퇴시켜 버렸습니다. 그러나 분명한 사실은 이 두 가지의 다른 생각이 함께 지속될 수 없다는 것입니다. 그것들은 하나님과 맘몬신(돈)이 함께할 수 없듯, 서로 충돌할 수밖에 없습니다.

-1854년 10월 12일 페오리아에서 한 연설

내가 노예제도의 잘못을 바로잡겠다는 약속과 더불어 정치를 시작한 지 이제 5년의 세월이 흘렀습니다. 그 정책은 지금도 변함없이 추진되고 있고, 앞으로도 중단되지 않을 것이며, 계속해서 더욱 발전될 것입니다. '분열된 집은 그 스스로가 견딜 수 없습니다.'

나는 이 나라가 절반은 노예, 절반은 자유인의 상태로 지속될 수 없다고 생각합니다. 나는 이 합중국과 의회가 분열되고 해체되길 바라지 않습니다. 나는 오히려 분열과 해체가 중단되기를 바랄 뿐입니다. 그렇게 되기 위해서는 모든 사람이 하나가 되어야 하고, 그것은 곧 노예들의 해방을 의미합니다.

-1858년 일리노이 상원의원 후보 수락 연설

나는 흑인이 독립선언에 명시된 모든 천부적인 권리, 즉 생존권, 자유, 그리고 행복 추구권을 부여받지 못할 하등의 이유가 없다고 주장합니다. 나는 백인과 마찬가지로 흑인도 이런 권리들을 부여받았다고 굳게 믿습니다. 나는 여러 가지 면에서 백인과 흑인이 동등하지 않다고 주장하는 더글러스 후보의 의견을 이해합니다. 물론 그들은 우리와 피부색이 다르고 부여받은 지적 능력이 다를 수 있습니다. 그러나 그들도 자기가 노력한 만큼 빵을 먹을 권리에 있어서는 나와 동등하며, 더글러스 후보와도 동등하고, 살아 있는 어떤 사람들과도 동등합니다.

-더글러스 후보와의 논쟁 중에서

링컨은 그의 주장이 옳았음에도 불구하고 선거에서 낙선하고 말았다. 자신들의 이기적인 욕구를 채우기 위해 노예제도를 옹호하는 대다수의 백인들이 더글러스를 밀어 주었기 때문이다. 그러나 링컨은 노예제도가 옳지 못한 제도이며, 하나님 앞에서 인간의 존엄성과 평등성을 무시하는 악한 법이라는 사실을 설득력 있게 주장한 일로 전국적인 명성을 얻게 되었다.

미국 전역에서 인사와 격려가 쏟아졌으며, 강연 초청과 잡지사의 인터뷰 요청이 쇄도했다. 공화당 당보와 시카고 트리뷴지에서는 링컨의 정직성과 소신 있는 정치 철학을 내세워 그를 노골적으로 차기 공화당 대통령 후보로 추천하고 나섰다. 이브닝 포스트 지도 그에 대해 이렇게 기사화했다.

"이 시대의 인물 가운데 선거를 통해 링컨보다 더 급성장한
사람은 없다."

결국 링컨은 1860년 5월 16일 공화당 전당대회에서 대통령 후보로 선출되었고, 그 해 11월 6일에 있는 대통령 선거에서 민주당 후보 더글러스 상원의원과 다시 겨루어 압도적인 표 차이로 대통령에 당선되었다.

그는 대통령이 된 후, 노예 해방을 위해 하나님 앞에 엎드려 기도하고 또 기도하면서 하나님의 선하신 도움과 지혜를 구했다. 마침내 1862년, 그는 노예 해방을 결심하고 자신의 일기에

이렇게 썼다.

"나는 노예를 해방하겠다고 하나님과 약속했습니다."

그는 착실하게 준비해서 1862년 7월 22일 노예 해방 예비 선언을 하였고, 1863년 1월 1일 마침내 최종적으로 노예 해방령을 선포하게 되었다. 역사적인 그날을 기해 그는 연방의 모든 노예들에게 이렇게 선언했다.

"하나님께서는 백인에게 자유를 주신 것처럼 흑인에게도 자유를 주셨습니다. 이날 즉시, 그리고 이후로 모든 노예들에게 영원히 자유를 선포합니다."

이로써 400만 명의 흑인 노예들(당시 인구 약 3,100만 명)은 링컨이 소망했던 대로 백인 주인들의 족쇄에서 벗어나 진정한 자유인으로 마음껏 세상을 활보하며 살 수 있게 되었다. 그들은 투표할 권리를 가지게 된 것은 물론이고 자녀들을 학교에 보낼 수도 있게 되었고, 자기 재산을 소유할 수도 있게 되었다.

링컨이 리치먼드를 방문한다는 소식이 전해지자, 흑인들이 곳곳에서 구름 떼처럼 모여들었다. 흑인들은 그가 도착하자 열광적으로 환호성을 지르고, 손수건과 모자를 흔들며 기쁨을 감추지 못했다.

"우리의 구세주, 링컨 만세! 우리의 구세주, 링컨 만세!"

그들 중에 지도자처럼 보이는 한 흑인이 링컨 앞으로 다가와 무릎을 꿇더니 그의 발에 입을 맞추며 최상의 예의를 표했다.

"대통령 각하, 당신은 우리를 노예의 족쇄에서 풀어 준 해방자이시고, 구세주이시고, 우리 모든 노예들의 아버지이십니다. 우리 모두는 당신께 진심으로 감사와 영광을 드립니다!"

링컨은 무릎 꿇은 흑인 지도자를 일으켜 세우며 이렇게 말했다.

"어서 일어나세요! 사람에게 무릎을 꿇는 일은 옳지 않습니다. 하나님께만 무릎을 꿇고, 하나님께만 영광을 올려드리세요. 여러분에게 자유를 주신 분은 하나님이십니다. 저는 단지 이 일을 위해 하나님에 의해 쓰여진 도구에 불과합니다. 이제부터 여러분은 하나님께서 주신 자유와 권리를 가지고 가정과 나라와 하나님을 위해서 열심히 일하시면 됩니다."

흑인들은 모두 함께 손을 잡고 링컨을 환호했다. 그들은 자리를 떠나지 않고 흑인 영가를 부르며 링컨의 사랑에 감사했다. 그들은 모두 기뻐하며 어쩔 줄을 몰라 했다. 링컨도 그들의 사랑에 감격하며 다시 한번 그들에게 자신의 마음을 전했다.

"여러분은 이제 진정한 자유의 몸이 되었습니다. 그러나 자유를 남용하면 안 되고, 법을 지켜야 합니다. 무엇보다 하나님의 말씀에 순종하고, 자유를 주신 하나님께 감사하십시오."

"여호와께서 시온의 포로를 돌리실 때에 우리가 꿈꾸는 것 같았도다 그 때에 우리 입에는 웃음이 가득하고 우리 혀에는 찬양이 찼었도다……여호와께서 우리를 위하여 대사를 행하셨으니 우리는 기쁘도다"(시 126:1-3).

Letter from Lincoln

친애하는 윌리엄 S. 스피어 씨께!

귀하의 열세 번째 편지는 잘 받아 보았습니다.

저는 귀하가 발표하도록 제안한 '각 주의 노예들이나 노예제도에 대해 간섭하는 모든 계획들을 철회하는 것이 좋겠다.'는 생각에 대해 먼저 감사를 표시하고 싶습니다.

그렇지만 제 생각에는 그렇게 하는 일이 옳은 일이 아닌 것 같습니다. 저는 이미 노예제도에 관한 제 생각들을 정리해서 말해 왔고, 그것들은 책으로 출판되기도 해서 벌써 많은 사람들에게 공개되었습니다.

제가 말한 것을 듣지도 않고, 옳고 그른 것을 주의해서 생각하지도 않으며, 무조건 반대하는 사람들에게 그것을 다시 되풀이해서 설명한다고 해도 그들은 주의해서 듣거나 생각하지도 않을 것입니다.

그들이 만약 모세와 선지자들의 말을 듣지 않는다면 비록 죽은 자 가운데서 다시 살아난 사람이 말을 한다 해도 그들은 그의 말을 듣지 않을 것입니다.

관심과 사랑에 감사하며……, A. 링컨

* 이 편지 글은 테네시 주의 윌리엄 S. 스피어가 보낸 편지에 대한 답장으로 링컨의 노예제도 철폐에 대한 견해가 얼마나 단호했는지를 잘 보여 준다.

스물다섯 번째 이야기
스토우 부인과의 만남

> 남의 자유를 부인하는 사람은
> 자기 자신의 자유도 누릴 자격이 없다. －A. 링컨

링컨이 흑인 노예들을 해방시키는 데 결정적인 도움을 준 사람이 있다면 톰 아저씨의 오두막집(*Uncle Tom's Cabin*)을 쓴 작가 스토우(Harriet B. Stowe) 부인일 것이다. 그녀는 엄격한 목회자의 가정에서 자라난 신앙심이 깊은 여인이었다. 링컨이 노예 해방을 위해 군대를 동원해서 싸웠다면 스토우 부인은 붓으로 사람들의 마음을 움직여 노예 해방에 한몫을 한 여성이라 할 수 있다. 그래서 많은 사람들은 노예 해방이 링컨의 칼의 승리일 뿐만 아니라 스토우 부인의 붓의 승리라고도 했다.

스토우 부인은 자신의 책 속에서 마음씨 착한 흑인 노예와 악독한 백인 주인을 대비시켜 모든 인간의 존엄성에 대한 공

감을 불러 일으켰으며, 백인들에게도 노예제도에 대한 경각심을 일깨워 주어 노예 해방을 선언하는 데 불씨 역할을 했다.

이 책은 링컨에게도 적지 않은 영향을 끼쳤다. 그는 이 책을 읽고 흑인 노예제도의 모순을 더욱 확신하게 되었으며, 대통령이 되었을 때 많은 백인들의 반대에도 불구하고 노예 해방을 선언할 수 있었다. 그는 얼굴색이 다르다는 이유로 백인들이 흑인들을 학대하고 노예로 부리는 것은 옳지 않다고 생각했다. 이처럼 작은 한 권의 책이 링컨의 마음을 움직여 그의 생각을 바꾸고, 미국의 역사를 바꾼 것이다.

어느 날, 노예 해방의 두 주역, 링컨과 스토우 부인이 만났다. 링컨은 스토우 부인을 반갑게 맞으며 이렇게 인사했다.

"부인의 책은 제게 깊은 감명을 주었고, 노예 해방에 대한 제 생각에 적지 않은 영향을 주었습니다. 저는 그 책을 읽으며 부인의 모습이 강한 인상일 거라고 생각했습니다. 그런데 이렇게 직접 만나 뵙고 보니 연약하고 가녀린 분이시군요. 어떻게 이렇게 위대한 작품을 쓰실 수 있었습니까?"

"대통령 각하, 그 글은 제가 쓴 것이 아니라 노예 해방을 소원하시는 하나님의 작품이었습니다. 그 글을 쓸 때 하나님께서 제 등 뒤에서 힘을 주셨습니다. 그리고 제가 한 일보다는 오히려 대통령께서 하신 일이 더욱 놀랍습니다. 저는 단지 제 생각을 글로 표현했는데, 대통령께서는 생각을 행동으로 옮기셨습니다. 저는 그것이 얼마나 어려운지를 잘 알고 있습니다. 그러나 그 어려운 상황 속에서도 끝까지 포기하지 않으셨고, 결국 노예들을 해방시키셨고 그들에게 자유를 주셨으며, 남북전쟁을 승리로 이끄셔서 이처럼 통일된 나라, 평화로운 나라를 만드시지 않았습니까! 제가 오히려 감사드려야지요."

링컨은 스토우 부인의 칭찬에 몸둘 바를 몰라 하며 겸손하게 이렇게 말했다.

"저 역시 단지 미천한 하나님의 도구였을 뿐입니다. 하나님께서 부족한 사람을 써 주신 것에 감사할 따름이지요. 부인! 오직 모든 영광을 주님께만 올려 드립시다!"

"주 앞에서 낮추라 그리하면 주께서 너희를 높이시리라"
(약 4:10).

에피소드

꿈과 희망을 보는 눈

남북전쟁으로 국가의 장래가 불투명할 때 청년들은 내일에 대한 희망을 잃고 방황했다. 링컨이 백악관을 찾아온 청년들과 대화를 나누고 있었을 때 기벌트 그린이라는 청년이 걱정을 하며 이런 질문을 했다.

"이러다가 미국이 끝장 나는 것은 아닙니까?"
링컨은 그 청년의 어깨를 두드리며 이렇게 말했다.
"내가 청년 시절이었을 때, 평소 존경하던 노인과 청명한 가을 밤 하늘을 바라보고 있었다네. 그때 마침 하늘에서 무수한 별똥별들이 떨어지는데 나는 몹시 두려워했지. 혹시 별똥별들이 떨어져 지구가 멸망하는 건 아닌가 하고. 그런데 그 노인은 나의 어깨를 두드리며 이렇게 말했다네. '저 유성들을 바라보고 두려워하지 말고, 더 높은 데서 반짝이는 아름다운 별들을 보고 꿈과 희망을 간직하게나.' 그 이후로 나는 하늘의 별들을 바라볼 때마다 꿈과 희망을 간직하게 되었고, 하나님의 얼굴을 바라보고 있다는 느낌으로 별들을 바라보았다네. 아무쪼록 꿈과 희망을 잃지 말게나!"

스물여섯 번째 이야기

통일 대통령

누구에게도 악의를 품지 말고
모든 사람에게 자비를 베풀라. －A. 링컨

보통 우리는 링컨 대통령을 흑인 노예들을 해방시킨 대통령 정도로만 생각하는 경우가 많은데, 미국 사람들은 그를 '노예 해방자' 이상으로 '남쪽과 북쪽', '흑인과 백인'으로 분열되었던 미국을 하나의 국가로 만든 진정한 '통일 대통령'으로 더욱 높이 평가하고 있다.

하루는 한 기자가 링컨에게 이런 질문을 했다.

"미연방을 반대하고 이탈한 남부인들이 전쟁에서 패배하고 돌아온다면 어떻게 하실 생각이십니까?"

기자는 링컨이 대통령으로 취임하기도 전에 미연방으로부터 탈퇴를 선언해서 그를 궁지에 몰아넣고, 심지어 전쟁까지 일으켜 나라를 대혼란으로 몰고 간 남부인들에 대해 단단히 보복할 것이라는 답변을 기대했다. 그러나 링컨의 대답은 뜻밖이었다.

"나는 그들을 한 번도 집을 떠난 적이 없던 형제들처럼 대할 것입니다."

링컨은 자신의 말처럼 남북전쟁을 치르는 동안에도 남부인들을 친형제처럼 대하고, 어떤 대가를 치루더라도 미합중국을 유지하고 통일을 회복하는 일을 위해 애썼다. 남군이 선재공격으로 전쟁을 일으켰을 때, 북부의 급진 세력들은 남부를 적으로 규정하고 그들을 초토화시켜야 한다고 주장했지만, 그는 남부인들에게 적대감을 표출하지 않았고, 오히려 북부 사람들을 설득해서 하나의 미연방을 이루도록 최선의 노력을 다했다.

그의 취임 연설을 보면 그가 미합중국의 통일을 위해 얼마나 인내하며 노력했는지 충분히 헤아릴 수 있다.

친애하는 국민 여러분!
보편적인 법칙과 헌법에 비추어 볼 때 미합중국은 영원하다고 나는 믿습니다. 어떤 주도 자신들의 독자적인 결정만으로 미연방으로부터의 탈퇴를 선언하는 것은 가능하지 않습니다. 왜냐하면 미합중국은 모두의 선택과 결정으로 이루어졌기 때문입니다. 그러므로 남부연합의 탈퇴는 법적으로 무효입니다. 나는 지금도 여전히 헌법적 차원에서 미합중국은 파괴되지 않았다고 믿고 있으며, 나의 힘이 다할 때까지 미합중국의 헌법을 모든 주에 충실하게 적용하도록 노력할 것입니다.

우리는 각각의 주들을 서로 떼어놓고 생각할 수 없으며, 가로막는 장벽을 쌓을 수도 없습니다. 비록 부부는 이혼을 하고 갈라설 수 있을지 모르지만, 우리 나라의 지역들은 결코 갈라설 수 없고, 서로 얼굴을 맞댈 수밖에 없습니다.

국민 여러분, 모두가 이 문제에 대해 곰곰이 생각해 보시기 바랍니다. 불만을 가진 국민들에게도 헌법은 손상되지 않았으며, 여전히 유효합니다. 설령 새로운 정부가 헌법을 개정하고 싶다고 해도 당장 그럴 만한 권한이 나에게는 없습니다. 그러므로 자신들이 정당하다고 생각하는 사람들도 성급한 행동을 자제해야만 합니다.

지성과 애국심, 그리스도인의 정신과 은혜의 하나님에 대한 확고한 믿음, 이러한 것들은 현재의 모든 어려움을 충분히 극복할 수 있도록 도울 것입니다. 나의 손이 아니라 여러분의 손에 전쟁의 중대한 결정이 달려 있습니다. 정부는 여러분을 공격하지 않을 것입니다. 우리는 적이 아니라 친구이며, 비록 감정이 상했더라도 감정 때문에 우리의 신뢰 관계를 끊어서는 안 됩니다. 그렇게 함께 노력할 때 선량한 천사의 손길이 반드시 우리를 도울 것이며, 미합중국의 합창은 영원히 울려 퍼질 것입니다.

링컨은 미합중국에서 이탈한 남부의 복귀를 인내하며 기다렸다. 그러나 결국 그들은 전쟁을 선택했고 남부와 북부는 4년이 넘는 기간 동안 동족간에 피비린내 나는 참혹한 내란을 겪게 되었다. 링컨은 전쟁이 계속되는 동안에도 미합중국은 분리될 수 없으며 미연방이 유지되어야 할 것을 국민들에게 호소했다. 그는 4년의 임기를 마치고 다시 재선되었을 때에도, 2차 취임 연설을 통해 남부를 형제애로 감싸며 통일을 위해 모두가 함께 사랑으로 하나가 될 것을 호소했다.

친애하는 국민 여러분!
4년 전, 우리 모두는 전쟁을 두려워했고, 그것을 피해 보려고 노력했습니다. 그러나 전쟁은 발발했고 남부와 북부 양쪽은 저마다 전쟁에서 손쉬운 승리를 기대했습니다. 양쪽은 모두 같은 성경을 읽고, 같은 하나님께 기도를 드리며 저마다 상대방을 물리칠 수 있도록 하나님의 도우심을 간구했습니다. 그러나 양쪽 모두의 기도는 응답되지 않았습니다. 어느 쪽의 기도도 온전히 이루어지지 않았습니다.

전능하신 하나님께서는 그분의 목적을 가지고 계십니다. 미국의 노예제도는 하나님의 시선으로 바라볼 때 범죄 행위입니다. 범죄 행위가 중단되지 않고 지속되었기 때문에 이제 살아 계신 하나님께서는 이것을 제거하시려고 형벌로서 남과 북, 양쪽 모두에게 끔찍한 전쟁을 주신 것이라 생각합니다. 우리 모두는 이 끔찍한 전쟁의 재난이 신속히 지나가기를 진심으로 기도해야 할 것입니다.

우리 모두 누구에게도 원한을 품지 말고 모든 사람에게 자비를 베풀며, 하나님께서 우리에게 주신 정의를 굳게 믿고, 우리에게 맡겨 주신 일들을 완수하도록 노력합시다.

전쟁으로 희생된 군인들과 미망인들, 부모를 잃은 자녀들을 돌봐 주며 우리 자신과 우리 나라에 올바르고 지속적인 평화를 이룩할 수 있도록 우리의 사명을 완수합시다.

결국 링컨이 소원했던 대로 마침내 4년 동안의 전쟁이 끝나게 되자, 사람들은 링컨에게 "남부의 대통령 제퍼슨 데이비스를 교수형에 처하시오! 교수형에 처하시오!"라고 외쳤다. 그러자 링컨은 그들을 향해 차분한 목소리로 답변했다.

> "남에게 판단을 받고 싶지 않으면 남을 정죄하지 말라고 주님이 말씀하셨습니다. 우리는 서로 한 형제이고 동포입니다. 서로 용서하고 감싸 주어야 하지 않겠습니까?"

그는 남부인들과 반란군들을 관대하게 대했으며, 형제애와 긍휼로 대했다. 그리고 지체하지 않고 이렇게 공포했다.

> "미합중국의 대통령 나 에이브러햄 링컨은 남부의 모든 사람들에게 모든 재산권의 회복을 포함한 전면적인 사면을 선포합니다."

그는 남부의 총사령관 로버트 리 장군에 대해서도 어떠한 처벌도 하지 않았다. 리 장군은 오히려 전쟁이 끝난 후에 패배를 인정하고 사랑하는 부하들의 생명을 구한 명장으로서 영웅

대접을 받았다. 리 장군은 남부와 북부가 하나 된 이후에 워싱턴 대학 총장으로 명예로운 인생을 살았으며, 지금까지 미국 역사 속에서 탁월한 지도력을 지녔던 명장으로 인정받고 있다.

링컨은 남부 사람들에게 너무 관대하다는 급진파들의 비판에도 불구하고, '남부 재건 계획'을 발표하여 남부와 북부가 손을 맞잡고 힘을 모아 미합중국을 다시 건설해야 한다고 설득했다.

> "우리 모두는 남부의 주들이 탈퇴했다 돌아온 것을 형제들이 집을 나갔다가 돌아온 것으로 생각하고, 그들을 도와주며 절대 죄를 물어서는 안 됩니다."

결국 링컨의 남부 재건 계획은 닫혀 있던 남부인들의 마음을 열었고, 미연방이 화합할 수 있는 기틀을 마련했다. 그는 4년 1개월이라는 재임 기간 동안 통일을 위해 애썼다. 그가 위대한 대통령으로 추앙받는 이유는 단순히 그가 노예들을 해방하고, 남북전쟁을 승리로 이끌어 미연방을 유지했기 때문만이 아니다. 백성들의 아픈 마음을 치유하고 그들의 나뉘어진 마음을 하나로 묶었으며, 넓은 마음으로 남부와 북부,

백인과 흑인을 사심 없이 포용해서 진정한 연합을 이룬 '통일 대통령'의 역할을 충실히 수행했기 때문이다.

> "다윗이 여호와께서 자기로 이스라엘 왕을 삼으신 줄을 깨달았으니 이는 그 백성 이스라엘을 위하여 나라를 진흥하게 하셨음이더라"(대상 14:2).

스물일곱 번째 이야기
원수를 친구로 만드는 능력

*적을 없애는 가장 좋은 방법은
적을 당신의 친구로 만드는 것이다.* －A. 링컨

링컨에게는 변호사 시절부터 그를 무시하고 모욕하는 정적이 한 사람 있었다. 그 사람의 이름은 에드윈 스탠턴이었다. 그는 당시 가장 유명한 변호사로 이름을 날리고 있었는데, 링컨은 그에 비하면 아직 애송이 변호사에 불과했다.

한번은 링컨이 중요한 사건을 맡게 되어 법정에 나가 보니 마침 스탠턴도 그곳에 나와 있었다. 알고 보니 링컨과 스탠턴이 함께 그 사건을 변호하기로 되어 있었던 것이다. 그때 법정에 앉아 있던 스탠턴은 링컨을 보자 갑자기 자리에서 벌떡 일어나 이렇게 외쳤다.

"저 따위 시골뜨기 변호사와 어떻게 같이 일을 하라는 겁니까? 이번 일은 너무 중요하기 때문에 저런 애송이와는 함께 일할 수 없습니다."

그리고 그는 불쾌하다는 듯이 문을 쾅 닫고 나가 버렸다. 그뿐만 아니라 스탠턴은 기회가 있을 때마다 링컨을 얕잡아 보고 무례한 언어와 행동으로 링컨을 골탕 먹였다. 그는 사람들에게 링컨의 외모와 허름한 옷차림을 조롱하며 이렇게 독설을 퍼부었다.

"여러분, 우리는 고릴라를 만나기 위해 아프리카에 갈 필요가 없습니다. 일리노이 주 스프링필드에 가면 링컨이라는 고릴라를 만날 수 있습니다."

세월이 흘러, 대통령이 된 링컨은 내각을 구성하면서 가장 중요한 국방부 장관 자리에 바로 스탠턴을 임명했다. 참모들은 이런 링컨의 결정에 모두들 놀라지 않을 수 없었다. 왜냐하면 스탠턴은 링컨이 대통령에 당선된 후에도 '링컨이 대통령에 당선된 것은 국가적인 재난'이라고 하면서 그를 공격했기 때문이었다. 참모들이 볼 때 스탠턴은 '링컨의 원수'였다. 더군다나 그는 공화당 사람도 아니었고, 확고한 민주당 사람이었다.

모든 참모들은 스탠턴의 임명을 재고해 달라고 링컨에게 건의했다.

"대통령 각하, 지난날 스탠턴이 한 행동을 벌써 잊으셨습니까? 그는 아직도 당신을 비난하고 있습니다. 어떻게 그런 사람을 이런 중요한 자리에 앉힐 수 있습니까?"

링컨은 참모들의 말을 듣고 나서 이렇게 대답했다.

"그 사람이 나를 수백 번 무시한들 어떻습니까? 그는 사명감이 투철한 사람으로 국방부 장관을 할 충분한 자질이 있습니다. 그는 지금의 난국(남북전쟁)을 훌륭하게 극복할 수 있는 소신과 추진력을 갖춘 사람입니다. 그가 이 난국을 해결해 줄 수 있다면 나는 아무래도 상관이 없습니다."

"그래도 스탠턴은 당신을 비난하고 모욕한 당신의 원수가 아닙니까? 원수를 없애 버려야지요!"

링컨은 빙그레 웃으며 말을 이었다.

"저도 그렇게 생각합니다. 원수는 우리의 마음속에서 없애 버려야지요! 그러나 그것은 '원수를 죽여서 없애라'는 말이 아니라 '원수를 사랑으로 녹여 친구로 만들라'는 말입니다.

예수님도 원수를 사랑하라고 하셨습니다. 이제 그 사람은 나의 적이 아닙니다. 나는 적이 없어져서 좋고, 그처럼 능력 있는 사람의 도움을 받게 되어 좋고, 일석이조 아닙니까?"

결국 스탠턴은 링컨과 힘을 합쳐 국난을 극복하고 많은 일을 해냈다. 그는 국방부 장관으로 재임하는 동안 최선을 다해 일했다. 링컨이 암살자의 총에 맞아 숨을 거두었을 때 스탠턴은 링컨을 부둥켜 안고 통곡하며 이렇게 말했다고 한다.

"여기, 가장 위대한 사람이 누워 있습니다."

스탠턴은 링컨을 헐뜯었던 사람이었지만 나중에는 링컨을 가장 위대한 인물로 존경하는 사람이 되었다. 링컨은 자기를 미워했던 원수까지도 용서하고 사랑함으로써 진정한 승리자가 되었던 것이다.

> "또 네 이웃을 사랑하고 네 원수를 미워하라 하였다는 것을 너희가 들었으나 나는 너희에게 이르노니 너희 원수를 사랑하며 너희를 핍박하는 자를 위하여 기도하라"(마 5:43-44).

스물여덟 번째 이야기
관용의 달인

> 만약 누군가를 설득하려 한다면 먼저 당신이 그의 진실한
> 친구라는 것을 알게 하라. 거기에 그의 마음을 사로잡는
> 한 방울의 꿀이 있다. —A. 링컨

국방부 장관 스탠턴과 육군 사령관 번 사이드는 서로 사이가 좋지 않아 늘 서로에 대해 비판적이었다. 한번은 스탠턴이 몹시 화가 나서 링컨을 찾아왔다. 그는 링컨의 집무실에 들어서자마자 흥분해서 번 사이드 사령관을 비난하기 시작했다. 번 사이드 사령관이 여러 명의 장군들이 모여 있는 자리에서 자기를 헐뜯고 공개적으로 비판했다는 것이었다. 스탠턴은 링컨에게 번 사이드 사령관에 대한 험담을 늘어놓기 시작했다. 링컨은 그의 말을 가만히 듣고 있다가 한마디 건넸다.

"그래서 당신은 번 사이드 사령관을 어떻게 할 작정입니까?"

"당장 혼내 주어야지요! 나를 모욕하고 음해하려는 놈을 가만히 놔둘 수는 없습니다!"

"그럼 지금 당장 편지를 한 장 쓰도록 하세요. 당신이 내게 말한 모든 내용을 하나도 빠뜨리지 말고 다 쓰세요!"

스탠턴은 집으로 돌아가자마자 가장 신랄하고 보복적인 어휘를 사용해서 번 사이드 사령관에게 모욕적인 편지를 썼다. 그리고 다음날 아침 자기가 쓴 편지를 링컨에게 가지고 갔다. 링컨은 편지를 다 읽어 본 후 그에게 물었다.

"이제 이 편지를 어떻게 할 생각이오?"

"어떻게 하다니요? 당장 그에게 보내야지요!"

그러자 링컨이 미소를 지으며 말했다.

"그런 편지는 보내는 것이 아닙니다. 그 편지를 저 난로 불 속에 집어 넣으세요. 나도 화가 날 때면 편지를 써서 난로 불 속에 종종 집어 넣습니다. 마음이 평안할 때 편지를 쓰면 그 편지는 좋은 편지가 되지만, 그렇지 않은 편지는 오히려 상대를 아프게 하고 나에게 손해를 안겨 줍니다. 감정적으로 쓴 편지는 불에 태우고 다시 써야 합니다."

스탠턴은 결국 난로 불 속으로 자기가 쓴 편지를 던져 버리고 말았다. 난로 불 속에 편지를 던져 넣고 난 후 그는 마음이 평안하고 훨씬 홀가분해지는 것을 느낄 수 있었다.

한번은 링컨과 스탠턴이 맥클레런 장군의 야전 사령부를 방문한 적이 있었다. 그런데 맥클레런 장군이 아직 전투 현장에서 돌아오지 않아, 몇 시간 동안을 사령관실에서 기다리게 되었다. 드디어 맥클레런 장군이 돌아왔지만, 그는 링컨 대통령과 스탠턴 국방부 장관이 자신을 기다리고 있다는 사실을 알면서도 한마디 말도 없이 2층 자기 숙소로 올라가 버렸다. 링컨과 스탠턴은 장군이 곧 내려올 것으로 생각하고 그를 기다렸다. 그러나 한참이 지난 후에도 맥클레런 장군은 얼굴도 내밀지 않았다. 얼마 후에 부관이 나타나더니 이렇게 말했다.

"장군께서는 너무 피곤하셔서 잠자리에 드셨습니다."

스탠턴은 일개 장군이 감히 직속 상관인 자신과 대통령을 무시했다고 생각하니 분노가 머리 끝까지 치밀어 올랐다.

"대통령 각하, 저렇게 무례한 놈은 제 생전에 처음입니다. 저런 놈은 당장에 직위를 박탈해 버려야 합니다."

링컨은 잠시 침묵하더니 조용히 스탠턴에게 말했다.

"아닙니다. 맥클레런 장군은 우리가 이 전쟁에서 이기는 데 절대적으로 필요한 사람입니다. 장군 때문에 전쟁이 조금이라도 빨리 끝날 수 있다면 나는 기꺼이 그의 말고삐를 잡아 주고, 그의 군화라도 닦아 줄 수 있습니다."

링컨은 맥클레런 장군이 잠도 못 자고 전투에 시달렸기 때문에 휴식이 필요하다는 사실을 인정하고 야전 사령부를 떠났다.

스탠턴은 항상 좋은 면만을 보고 다른 사람의 입장에서 이해하고 배려하며 용납하는 링컨의 넓은 관용의 마음을 보고 많은 것을 깨달았다. 링컨은 "악을 악으로 갚지 말고 악을 선으로 갚으라"는 예수님의 말씀을 자신의 삶에서 실천하고 있었던 것이다.

> "삼가 누가 누구에게든지 악으로 악을 갚지 말게 하고 오직 피차 대하든지 모든 사람을 대하든지 항상 선을 좇으라"
> (살전 5:15).

스물아홉 번째 이야기

겸손의 리더십

저는 재선에 성공한 결과에 대해 다만 전능하신 하나님께
감사할 뿐입니다. ―A. 링컨〈대통령 재선 당선 소감 중에서〉

링컨은 24살의 나이로 주 의회 의원에 입후보하여 낙선의 고배를 마셨다. 그러나 1832년 3월 9일자 선거 전단을 보면 선거에 임한 그의 마음 자세에 대다수의 정치인들이 자신을 내세우고 자랑하는 모습과는 전혀 다른 겸손이 배어 있음을 알 수 있다.

저는 젊고 또 제가 누구인지 아는 분도 많지 않습니다. 저는 삶의 가장 미천한 자리에서 태어났으며 아직도 그 자리에 머물러 있습니다. 저는 저를 천거해 줄 만큼 부자이거나 명망 있는 친척도 없습니다. 저를 뽑아 주신다면 여러분은 저에게

큰 호의를 베푸시는 것이고, 저는 그 호의에 보답코자 최선의
노력을 다할 것입니다.
그러나 만일 여러분께서 지혜롭게 판단하시어 저를 뒷전에
그냥 내버려 두는 것이 좋다고 여기신다면, 그래도 저는 상심
하지 않겠습니다. 왜냐하면 저는 이미 너무 많은 실망을 겪어
본 경험이 있기 때문입니다.

결국 정치 초년병 링컨은 13명이 입후보한 첫 선거에서 657표를 얻고 8위로 낙선의 고배를 마셨다. 그러나 링컨은 그가 살던 뉴살렘 지역의 표, 300표 중에서 277표를 얻은 것을 작은 위안으로 삼고 희망을 잃지 않았다. 그는 첫 선거에서 패배하고 이렇게 생각했다.

'이제 가까운 사람들로부터 인정을 받았으니 먼 지역 사람들
에게도 인정을 받으면 되겠구나!'

2년 후 링컨은 다시 일리노이 주 의회 의원 선거에 출마했다. 그는 실패를 거울 삼아 정직과 겸손을 무기로 최선의 노력을 다했다. 결국 그는 26세에 주 의원에 2위로 당선되는 영광

을 얻었다.

1836년 링컨은 주 의회 선거에 다시 출마해서 이번에는 모든 후보들을 제치고 최고 득표자로 재선의 영광을 얻었다. 그의 계획대로 먼 지역의 사람들에게까지 인정받아 28세의 젊은 나이에 주 의원 재선과 함께 최고 득표 당선자의 영광까지 얻게 된 것이다.

링컨은 주 의회 4선 의원과 연방 하원의원을 거쳐 중앙 무대로 가는 발판을 마련했다. 그러나 상원의원과 부통령에 도전해서는 번번이 실패했다. 그는 실패할 때마다 '아직 더 멀리 더 많은 사람들의 인정이 필요하구나!' 하며 겸손히 자신의 부족함을 돌아보았다.

1856년, 링컨은 필라델피아에서 열린 공화당 전당대회에서 뉴저지 주의 판사 윌리엄 L. 데이톤과 부통령 후보 경합을 벌였다. 결과는 데이톤의 승리였다. 대의원 가운데 253명이 데이톤을 지지했고, 링컨을 지지한 사람은 고작 110명에 불과했다. 링컨은 패배했지만 뉴저지에 살고 있던 친구 존 V. 디크에게 편지를 보내 직접 데이톤 판사를 찾아가 당선을 축하해 줄 것을 부탁했다.

> 데이톤 판사를 찾아가 내가 존경한다는 말과 함께 부통령 자리는 나보다 데이톤 판사가 더 적임자이며, 앞으로 나도 힘닿는 대로 데이톤 판사를 돕겠다고 꼭 전해 주시오.
>
> -A. 링컨

링컨은 부통령에 낙선하고, 한 번 더 상원의원 선거에서 더글러스 의원에게 패배하고도 공화당 대통령 후보로 공천을 받는 이변을 연출했다. 링컨이 선거에서 낙선하고도 더 높은 자리로 계속해서 올라갈 수 있었던 것은 선거에서 보여 준 그의 겸손한 인격 덕분이었다.

링컨은 민주당의 더글러스 후보와 대통령 선거에서 재격돌을 벌이게 되었고, 마침내 16대 대통령에 당선되는 영광을 얻었다. 그러나 그 영광도 잠시, 링컨이 1차 대통령의 임기를 시작할 때 발발했던 남북전쟁은 재선 때까지 계속되었다. 전쟁으로 인해 국민들의 마음은 나뉘어 있었고, 링컨의 재선 가능성은 불투명하기만 했다.

민주당의 대통령 후보로는 남북전쟁으로 유명해진 조지 맥클레런 장군이 출마했다. 맥클레런 후보는 백성들의 신임과 예상 외의 높은 인기를 얻고 있어, 링컨과 참모들을 불안하게 만들었다. 전쟁의 상황이었기 때문에 돌발 변수가 많아 아무도 선거의 결과를 예측할 수 없었다. 오히려 맥클레런 후보가 우세할 것이라는 의견들도 있었다.

그런 상황 속에서 링컨은 내각의 국무위원들에게 봉인된 봉투 뒷면에 자신의 이름을 쓰고 사인할 것을 부탁했다. 그는 국무위원들의 사인을 다 받고 난 후에 선거가 끝날 때까지 봉투를 개봉하지 않고 보관하고 있었다. 그는 선거가 끝나면 봉투 속에 넣은 글을 국무회의에서 낭독할 계획이었다.

선거 결과는 예상 외로 선거에 참여한 25개 주 가운데 22개 주에서 링컨이 압승을 거두었고, 맥클레런 후보는 불과 3개 주에서만 표를 얻어 참패를 하고 말았다.

링컨은 모두가 궁금해 하던 봉투 속에 넣은 글의 내용을 3일 뒤, 국무회의가 열린 자리에서 공개했다.

현 정권이 재선될 가능성은 극히 희박합니다. 그렇다면 대통령 후보가 당선되고 취임하는 기간 동안 혼란을 막고 질서를 유지하기 위해 당선자와 협력하여 미연방을 건지도록 하는 것이 본인의 책임입니다. 나를 포함한 모든 내각은 대통령 당선자에게 협력할 것을 약속합니다.

이 글을 읽고 나서 그는 다음과 같은 설명을 덧붙였다.

만약 제가 재선에 성공하지 못했다면 방금 읽은 대로 맥클레런 후보를 찾아가 허심탄회하게 국정의 모든 것을 상의하려고 마음먹었습니다. 그리고 이렇게 말할 작정이었습니다. "맥클레런 장군님! 이제, 장군께서는 저보다 더 국민들의 존경과 인정을 받고 계심이 입증되었습니다. 장군님과 제가 함께 힘을 합한다면 이 나라의 어떤 난관도 극복할 수 있고, 장군님의 영향력과 본인의 행정 능력을 조화시킨다면 이 나라를 위기에서 구원할 수 있다고 확신합니다……."라고 말입니다.

링컨은 혹시라도 선거에서 패하게 될 때 본인을 포함한 내각 전체가 대통령 당선자에게 협조할 것을 약속하는 사인을 미리 받아 두었던 것이다. 링컨은 자신이 대통령으로 당선되었을 당시 남부와 북부로 갈라지는 모습을 지켜 보면서도 전임 대통령과 내각의 도움을 전혀 받지 못해 어려움을 겪었던 경험이 있었다. 그 때를 떠올리며 그는 후임자에게는 자기와 같은 전철을 밟게 하고 싶지 않아, 본인이 물러나더라도 나라의 위기를 막기 위해 그런 배려를 했던 것이다.

"너희 안에 이 마음을 품으라 곧 그리스도 예수의 마음이니 그는 근본 하나님의 본체시나 하나님과 동등됨을 취할 것으로 여기지 아니하시고……자기를 낮추시고 죽기까지 복종하셨으니 곧 십자가에 죽으심이라"(빌 2:5-8).

친애하는 그랜트 장군께!

나는 그랜트 장군과 직접 얼굴을 대한 적은 없지만 국가에 대한 장군의 충성심에 한없는 감사의 마음을 전하고자 이 편지를 씁니다.

감사와 더불어 한마디 덧붙이자면, 장군은 정말 탁월한 전략가입니다. 그 사실이 이번 전투를 통해 유감없이 드러났습니다.

나는 장군이 빅스버그 부근에 도착했을 때 반드시 한 번은 멋진 전투를 하리라 믿었습니다.

장군은 마침내 부대를 인솔하고 남쪽 계곡으로 전진했으며, 나는 그때 장군이 싸움에서 승리하기를 진심으로 소망했습니다.

그리고 장군이 하류로 내려가서 깁슨 항을 점령하고 그랜드 만과 그 부근 지역을 점령했을 때, 나는 장군이 더 내려가서 뱅크스 장군과 합류할 것으로 기대했습니다.

그런데 장군은 서북으로 방향을 돌려 빅블랙 동부로 향했으며, 나는 그때 속으로 이번 작전은 장군의 판단 착오라고 생각했습니다.

그러나 지금 결과적으로 생각해 볼 때 제 생각보다 장군의 결정이 더 옳았음이 증명되었습니다.

나는 내가 잘못 생각했었다는 것을 이 편지를 통해 솔직히 인정합니다.

감사와 사랑을 전하며……. A. 링컨

* 이 편지 속에는 부하의 승리를 칭찬하는 지도자의 넉넉한 마음과 함께 자기 자신만 알고 있던 자신의 실수까지 솔직하게 인정하는 지도자의 겸손하고 정직한 모습이 드러나 있다.

서른 번째 이야기
링컨과 무디의 동역

> 누구든지 의로울 때 나는 그의 편에 서고
> 누구든지 불의할 때 나는 그를 떠나리라. -A. 링컨

청년 무디(D. L. Moody)가 자신이 개설한 '어린이 성경학교 모임'에 링컨을 강사로 초빙하면서 그 둘의 만남은 시작되었다. 1861년 링컨이 대통령에 당선되어 워싱턴으로 향하고 있었을 때, 무디는 정중하게 "대통령 당선자께서 워싱턴으로 가시기 전에 성경학교 모임에 꼭 한번 오셔서 어린이들에게 신앙과 꿈을 심어 주는 말씀을 해주시면 감사하겠습니다"라고 링컨에게 강연을 부탁했다.

그 당시 링컨은 새로운 내각 구성과 노예 문제, 남북 분열을 막는 일 등으로 눈코 뜰 새 없이 바빠 무디의 초청에 응할 만

큼 한가롭지 않았다. 그런데도 링컨은 시간을 할애해서 무디의 초청에 응했다. 이처럼 링컨은 하나님 나라의 확장과 어린 영혼들의 구원 사역에 많은 관심을 가지고 있었다.

링컨이 무디가 인도하는 '어린이 성경학교 모임'에 도착하자 기다리고 있던 어린이들과 교사들은 열렬히 링컨을 환영해 주었다. 링컨은 단상에 올라서서 가만히 어린아이들의 눈동자를 바라보며 이야기했다.

"하나님은 여러분을 사랑하십니다. 그래서 예수님을 믿게 하셨고, 하나님의 말씀인 성경을 사랑하는 사람들로 불러 주셨습니다. 하나님께서 여러분을 사랑하셔서 특별한 선물을 주셨는데, 그 최고의 선물이 바로 성경입니다. 여러분도 하나님의 말씀인 성경을 잘 읽고 그 말씀에 순종하면 언젠가 저처럼 대통령이 될지도 모릅니다."

링컨의 확신에 찬 간증을 듣고 모든 어린이들과 교사들은 우레와 같은 박수로 존경과 감사의 뜻을 표했고, 그의 깊은 신앙심에 큰 감동을 받았다.

훗날 무디는 링컨 대통령이 바쁜 일정 중에도 자신의 성경학교 모임을 방문하여 어린이들에게 꿈과 용기를 심어 주고 격려해 준 사실을 자랑스럽게 간증하곤 했다. 또한 그는 링컨 대통령의 일을 솔선해서 힘껏 도왔다. 그는 링컨 대통령의 '노예제도 폐지론'을 적극 지지했을 뿐만 아니라 전쟁터로 달려가 군인들의 사기를 북돋아 주었고, 집회를 열어 그들을 말씀으로 위로했다. 이것은 링컨에게도 큰 힘이 되었다.

"타인으로 너를 칭찬하게 하고 네 입으로는 말며 외인으로 너를 칭찬하게 하고 네 입술로는 말지니라"(잠 27:2).

서른한 번째 이야기
기도하는 대통령

> 내 지혜, 내 능력, 내 노력만 가지고는 나는 아무것도 할 수 없다. 그래서 나는 하나님의 도우심을 위해 기도한다.
> −A. 링컨

링컨은 '성경의 사람'이었을 뿐만 아니라 '기도의 사람'이었다. 어려서부터 어머니의 기도 소리에 친근해 있었던 링컨은 대통령이 되어서도 기도하는 일을 매우 소중하게 생각했다. 그는 아침이면 신선한 공기를 마시기 위해 창문을 열듯 기도로 영혼의 호흡을 시작했으며, 저녁이면 커튼을 닫듯이 기도로 하루의 일과를 마감했다. 그는 하나님께 기도하는 일이야말로 다른 어떤 일보다 우선되는 일이며 많은 것을 이룰 수 있는 도구라고 생각했다. 그래서 그는 쉬지 않고 기도했고, 그의 믿음대로 많은 열매를 맺게 되었다. 그가 얼마나 하나님을 의지하고 기도했는지는 다음의 일화들을 통해 알 수 있다.

링컨이 대통령에 당선된 후 워싱턴을 향하여 떠나던 날 아침, 그를 사랑하는 많은 시민들이 기차역으로 마중 나와 그를 환호했다. 링컨은 비가 내리는 이른 아침에 마중 나와 준 고향 사람들의 따뜻한 사랑에 눈시울을 적시며 작별 인사를 나누었다.

"사랑하는 여러분! 저는 스프링필드에서 여러분 덕분에 많은 것을 얻었습니다. 우리 모두는 하나님의 도우심 없이는 결코 성공할 수 없습니다. 저는 이 자리를 떠나면서 여러분이 저를 위해 기도해 주실 것을 부탁드립니다. 지금 저는 일찍이 워싱턴 대통령의 어깨 위에 놓였던 짐보다 더 무거운 짐을 지는 마음으로 이곳을 떠납니다. 하나님께서 도와주시면 저는 어떤 어려움도 이겨낼 수 있다고 믿습니다. 저를 위해 기도해 주십시오!"

이처럼 링컨은 떠나면서 기도의 후원을 재차 부탁했다.

드디어 링컨은 나라가 남부와 북부로 분열된 상태에서 통일과 노예 해방을 완성해야 하는 무거운 책임을 짊어지고 대통령의 임기를 시작하게 되었다. 링컨은 대통령 임기 동안 하나님께 기도하는 일을 쉬지 않았다.

전쟁 동안의 링컨의 모습은 마치 이스라엘 백성들을 애굽에서 가나안 땅으로 인도하던 모세의 모습과도 같았다. 모세는 온유하고 겸손한 사람이었으며, 무엇보다 하나님 앞에 엎드려 기도하는 사람이었다. 이스라엘 백성들이 아말렉과 전투를 치르게 되었을 때, 모세는 지도자로서 대적들과 직접 싸운 것이 아니라 이스라엘 군대가 싸움을 하고 있는 동안 기도했다. 그의 기도는 바로 하나님이 부어 주시는 능력 그 자체였다.

링컨 또한 모세처럼 남북전쟁이 계속되는 동안 무릎 꿇고 기도하는 일을 계속했다. 왜냐하면 그는 전쟁의 승패가 사람의 지혜나 군사의 수나 무기에 있는 것이 아니라 하나님의 도움의 손길에 달려 있다는 것을 믿었기 때문이다.

> "지혜로도, 명철로도, 모략으로도 여호와를 당치 못하느니라 싸울 날을 위하여 마병을 예비하거니와 이김은 여호와께 있느니라"(잠 21:30, 31).

남북전쟁이 치열하게 계속되던 어느 날, 유명한 인기 배우

제임스 머독이 링컨의 초청으로 백악관에 머물게 되었다.

그는 링컨과 저녁 식사를 하고, 전쟁에 대한 여러 이야기들을 들으며 시간을 보내다가 밤이 늦어서야 잠자리에 들게 되었다. 그날 밤 머독은 백악관으로부터 멀지 않은 곳에서 들려오는 포성 소리에 잠을 설쳤다. 그리고 이른 새벽에는 어디선가 들려오는 흐느끼는 신음 소리때문에 더 이상 누워 있을 수가 없었다.

머독은 잠자리에서 일어나 들려오는 소리를 따라가 보았다. 그의 발이 멎은 곳은 복도 깊숙히 안쪽에 위치한 대통령 집무실이었고, 신음하듯 부르짖는 소리는 바로 링컨의 기도 소리였다.

> "사랑의 하나님! 저는 부족한 종입니다. 제 힘으로는 할 수 없습니다. 새 힘을 공급해 주시고, 용기를 잃지 않게 도와주시고, 마지막 순간까지 하나님과 동행할 수 있도록 저를 지켜 주옵소서. 이 민족을 긍휼히 여겨 주시고 하루 빨리 전쟁이 마무리되어 통일된 나라를 이룰 수 있도록 도와주옵소서. 전쟁에서 죽어가는 젊은이들을 보호하여 주시옵소서!……"

머독은 끝없이 계속되는 링컨의 기도 소리를 듣고 놀라지 않을 수 없었다. 겸손히 무릎 꿇고 기도하는 링컨의 모습을 본 그는 링컨을 더욱 존경하게 되었고, 그를 돕는 일에 기꺼이 앞장섰다.

링컨은 자주 전쟁터의 야전 사령부를 방문하여 병사들을 위로하고 격려하였다. 그는 최전방 부대 막사에 머물면서 병사들의 친구가 되어 다정하게 그들의 어려움들을 들어주고 사기를 북돋아 주었다. 또한 전투 상황에 대해 지휘관들의 보고를 들으며 그들과 함께 호흡했다.

링컨은 막사에 머무는 동안에도 홀로 조용히 기도하는 일을 쉬지 않았다. 그가 기도하는 시간이면 천막 막사 입구에는 '하얀 손수건'이 내걸렸다. 그러면 비서는 그의 기도가 끝날 때까지 면회를 금지시켰고, 그의 기도가 방해받지 않도록 했다.

마침내 링컨은 그의 담대한 기도대로 미합중국의 통일과 노예해방이라는 열매를 거두게 되었다. 그것은 세상 사람들이 모두 놀랄 만한 위대한 것이었다.

링컨이 이룬 모든 위대한 일들은 겸손한 기도의 무릎에서 출발한 것이었다.

"너는 내게 부르짖으라 내가 네게 응답하겠고 네가 알지 못하는 크고 비밀한 일을 네게 보이리라"(렘 33:3).

에피소드

남북전쟁과 기도 이야기

미국 육군 전투 교범 가운데는 역사상 위대했던 전쟁을 분석한 내용들이 담겨 있는데, 그 중에 병력과 무기 등 여러 가지 면에서 열세했음에도 불구하고 북군이 승리한 남북전쟁의 예를 소개하고 있다고 한다.
남군에는 위대한 명장 로버트 리가 있었고, 모든 면에서 우세했음에도 불구하고 승리는 북군에게로 돌아갔다. 그것은 기도의 사람 에이브러햄 링컨이 있었기 때문이다. 에이브러햄 링컨은 전쟁이 끝난 후에 이렇게 고백했다고 한다.

"북군의 승리는 기도의 승리였습니다. 우리에게 남군의 로버트 리 장군 같은 명장이 없었음은 오히려 다행이었습니다. 왜냐하면 기도로 하나님을 더욱 의지할 수 있었기 때문입니다."

서른두 번째 이야기
추수감사절의 부활

감사할 줄 아는 사람에게는 발전이 있다. −A. 링컨

오늘날 우리가 지키고 있는 '추수감사절'(Thanksgiving Day)의 유래는 청교도들이 아메리카 신대륙에 도착해서 첫 추수 감사 절기를 지킨 때로 거슬러 올라간다.

1609년 영국의 국왕 제임스는 국교회를 반대하는 청교도들을 극심하게 박해하고 감옥으로 보냈다. 그러자 그들은 핍박을 피해 네덜란드로 피신했다가 1620년 메이플라워 호에 몸을 싣고 신앙의 자유를 찾아 신대륙을 향해 떠났다. 미국의 북동쪽 매사추세츠 주 플리머스에 도착하자마자 그들은 먼저 통나무 교회와 학교를 세우고 그 다음 자신들의 살 집을 지었다.

그들은 인디언 추장 사모세트의 도움으로 농사에 필요한 재

배 기술과 가축 사육 방법을 배워 황무지를 개간하고 가축들을 길렀다. 그리고 처음 추수한 햇곡식과 채소 등의 귀한 열매를 허락해 주신 하나님께 감사드리기 위해, 인디언들을 초대하여 함께 잔치를 열었다. 이것이 전통이 되어 오늘날의 추수감사절이 된 것이다.

매사추세츠 주의 행정책임자(최초의 주지사) 윌리엄 브렛포드는 감사절을 제정하여 모든 청교도들이 이를 지킬 것을 공포했다.

"위대하신 하나님께서 옥수수, 밀, 완두콩, 땅콩, 호박 등 많은 곡식과 열매를 풍성히 거두도록 하셨고……자유롭게 예배를 드리도록 하셨습니다. 나는 모든 순례자들에게 선포합니다. 우리가 이곳에 온 지 3년, 지금은 1623년 11월 29일 목요일 아침입니다. 여러분 모두는 부인과 자녀들과 함께 예배당에 모여 설교를 듣고, 전능하신 하나님께 예물을 드리며 감사절을 지킬 것을 공포합니다."

그 후에 추수감사절은 매사추세츠 주와 코네티컷 주에서 연례 행사로 치러졌으며, 점차 미국의 남부 지역으로 확산되어

갔다. 그러다가 1789년 초대 대통령 워싱턴이 11월 26일을 추수감사절로 선포하고 온 국민이 이 날을 지키도록 했다. 그러나 3대 대통령 제퍼슨은 추수감사절이 왕정시대(미국이 영국의 지배하에 있던 기간)의 관습이라는 이유로 중지시켰으며, 그 후로 15대 대통령 부캐넌 때까지 50년이 넘도록 국가적인 행사로 지켜지지 못했다.

링컨은 이러한 추수감사절을 국가적인 경축일로 제정하는 일을 놓고 많은 기도를 하고 여러 사람들의 조언도 구했다. 그는 최종적으로 자신의 생각을 정리하고는 '한 해를 보내며 1년 동안 풍성한 수확을 주시고, 이 나라를 지켜 보호해 주시고, 모든 필요를 채워 주신 하나님께 감사드리는 것은 지극히 당연하다'는 결론을 내리게 되었다. 그래서 그는 하나님께 감사하는 '추수감사절'을 국경일로 선포하였다. 이렇게 해서 중단되었던 '추수감사절'이 다시 부활되었다. 링컨은 추수감사절을 제정하며 다음과 같이 선포했다.

> "나는 우리의 경건한 조상, 청교도들이 미국 땅에 감사의 씨로 뿌린 신앙의 유산을 우리 후손들이 잘 계승하도록 이 날을 국가 축제일로 선포합니다."

링컨이 선포한 '추수감사절'이 국경일로 제정된 이후 이 날은 미국의 가장 큰 축제이자 흩어졌던 가족들이 함께 모여 한 해 동안 베풀어 주신 하나님의 은혜를 기억하는 날로 지켜지고 있다. 뿐만 아니라 '추수감사절'은 이제 세계 여러 나라의 국가적인 축제일로, 그리고 교회마다 감사의 절기로 지켜지고 있다.

> "범사에 감사하라 이는 그리스도 예수 안에서 너희를 향하신 하나님의 뜻이니라"(살전 5:18).

Abraham Lincoln

5. 하나님의 마음에 합한 대통령

서른세 번째 이야기
링컨 기념관

> 미국 역사상, 아니 세계 역사상, 에이브러햄 링컨보다
> 더 하나님의 기준을 완벽하게 만족시킨 사람은 없다.
> -존 웨슬리 힐 박사

링컨 기념관(Lincoln Memorial)은 미국의 수도 워싱턴 D. C.의 상징이며 백악관에 가까운 곳에 위치해 있다. 웅장하고 화려하며 엄숙하기까지 한 링컨 기념관에는 하루에도 수천, 수만 명의 관광객들이 찾아와 미국 역사에서 가장 중요했던 인물, 아니 세계 역사 속에 우뚝 서 있는 인물인 링컨의 생전의 모습을 보며 그의 고귀한 꿈과 이상을 기린다.

링컨 기념관은 링컨이 미국인들의 마음속에 얼마나 크게 자리를 잡고 있는지, 그리고 미국인들이 얼마나 그를 존경하며, 경외의 대상으로 여기고 있는지를 한눈에 보여 주는 건물로서 마치 거대한 신전을 연상시킨다.

이 기념관은 1867년에 짓기 시작해서 1922년에 완공되었다. 건물은 총 36개의 원주형 기둥으로 떠받쳐져 있는데 이것은 링컨의 임기 중에 있었던 36개 주를 상징하며, 기둥 위로 보이는 위쪽에는 1922년 완공할 당시 미국의 48개 주(현재 50개 주, 당시 하와이와 알래스카는 포함되지 않았음)의 이름이 새겨져 있다.

건물 입구 정 중앙에 자리 잡고 앉아 있는 거대한 링컨 석상은 다니엘 프렌치가 대리석 28개로 4년 동안 조각해서 만든 작품으로 양쪽 팔을 의자 위에 편안히 얹어 놓고 있어 친근감을 주면서도 엄숙한 분위기를 자아내고 있다. 좌상의 높이는 5m정도로 워싱턴 기념탑과 멀리 국회의사당을 내려다보고 있으며, 링컨의 좌상 위쪽에는 이런 문구가 새겨져 있다.

> 이 성전(기념관)은 미연방을 구원해 낸 링컨을 사람들의 가슴 속에 영원히 기억되게 할 것입니다.

이 석상 동쪽과 서쪽 방향의 대리석 벽에는 링컨 대통령의 게티즈버그 연설문과 그의 두 번째 취임 연설문 전체가 새겨져 있고, 북쪽과 남쪽 대리석 벽에는 두 개의 커다란 벽화가 그려져 있다. 전시관 안에서는 링컨의 일생에 대한 자료들을 관람할 수 있으며, 서점에는 링컨에 관련된 수천 종류의 책이 구비되어 있다.

링컨 기념관은 링컨이 미합중국의 자유와 연합을 위해 희생한 탁월한 업적에 대한 국민들의 존경과 사랑의 표시라 할 수 있다. 이것은 미합중국은 물론 전세계의 자유와 연합을 사랑하는 모든 사람들의 역사적인 상징물이 되었다.

"의인을 기념할 때에는 칭찬하거니와 악인의 이름은 썩으리라"(잠 10:7).

에 피 소 드

책임지는 지도자

링컨은 세상을 떠난 후에 국민들로부터 더 많은 사랑과 존경을 받고 있다. 그것은 그의 업적만큼이나 인품이 뛰어났기 때문이다. 그가 얼마나 위대한 지도자였는지를 단적으로 보여 주는 편지가 최근에 공개되어, 다시 한번 그의 탁월한 인품에 대한 존경심을 불러일으키고 있다.

링컨이 남북전쟁 중에 가장 치열했던 게티즈버그 전투를 벌일 때 미이드 장군에게 공격 명령을 내리며 짧은 편지 한 통을 함께 보냈다. 그 내용은 다음과 같다.

존경하는 미이드 장군! 이 작전이 성공한다면 그것은 모두 당신의 공로입니다. 그러나 만약 실패한다면 그 책임은 나에게 있습니다. 만약 작전이 실패로 돌아간다면 장군은 링컨 대통령의 명령이었다고 말하시오. 그리고 이 편지를 모두에게 공개하시오! -A. 링컨

책임은 자신이 지고 영광은 부하에게 돌린 링컨의 리더십은 우리 모두가 본받아야 할 진정한 용기의 모범이 된다.

서른네 번째 이야기
큰 바위 얼굴 링컨

사람은 나이 40이 되면 자기 얼굴에 대해서 책임을 져야 한다.
-A. 링컨

나다니엘 호돈이 지은 큰 바위 얼굴이란 작품을 보면, 시골 마을에 어니스트라는 가난한 소년이 등장한다. 그 소년은 집 맞은편 산에 있는 큰 바위 얼굴을 바라보면서, 전해 오는 전설처럼 큰 바위 얼굴을 닮은 위대한 사람이 나타나기를 고대했다.

가끔씩 마을에는 성공한 사업가, 전쟁에서 승리한 군인 등 '큰 바위 얼굴'을 닮았다고 하는 이들이 나타나 마을 사람들의 기대를 모았지만 결국 그들은 모두를 실망시키고 사라질 뿐이었다.

어느덧 세월이 흘러 어니스트는 나이를 먹게 되었고, 늘 큰 바위얼굴의 인자하고 위엄 있는 모습을 흠모하며 자라난 그는 온화하고 위엄을 갖춘 모습으로 변화되었다. 하루는 마을 사람들이 어니스트의 모습을 보고는 놀라움과 기쁨으로 이렇게 외쳤다.

"어니스트, 바로 당신이 우리가 그토록 기다리던 '큰 바위 얼굴'을 닮은 사람이네요!"

이 소설은 미국 사우스다코타 주의 러슈모어 산에 새겨진 '큰 바위 얼굴' 링컨을 떠올리게 한다. 그곳에는 링컨을 포함해서 다른 3명(조지 워싱턴, 토머스 제퍼슨, 시어도어 루스벨트)의 대통령의 얼굴이 조각되어 있다.

링컨 대통령의 얼굴 길이는 무려 20m나 되고 코의 길이도 6m나 된다고 하니 바위로 만든 조각품 중 단연 세계 최대의 걸작품이 아닐 수 없다. 링컨을 포함한 3명의 대통령은 인자하고 부드러운 모습과 함께 위엄을 갖추고 사람들을 친근하게 내려다보고 있다.

이 걸작품 '큰 바위 얼굴'은 1927년 조각가 굿존 볼그룸이 거대한 화강암 암반을 폭파해 깎고 다듬으면서 그 작업이 시작되었다. 그리고 그가 73세의 나이로 세상을 떠나던 1941년

3월까지 장장 15년 동안 계속되었다. 그러나 끝내 완성을 보지 못하고 그의 아들 링컨 볼그룸이 뒤를 이어 작업을 마무리해 1941년 10월 마침내 완성되었다.

'큰 바위 얼굴'로 조각된 대통령들은 미국에서 가장 존경받는 위대한 대통령들이라는 것 외에도 그들 모두 하나님을 경외한 사람들이었고, 누구보다도 성경을 사랑했던 인물들이었다는 공통점이 있다. 워싱턴(1대 대통령)은 "하나님과 성경을 모르고 바른 정치를 하는 것은 불가능하다"고 했으며, 루스벨트(26대 대통령)는 "자기 인생을 참되게 살고자 하는 사람이라면 성경을 주의 깊게 연구하라"고 했다. 링컨(16대 대통령) 또한 "성경은 하나님께서 인간에게 주신 최대의 값진 선물"이라고 말했다.

사실 젊었을 때의 링컨은 외모가 너무 볼품 없어서 자주 사람들의 놀림감이 되었다. 키는 너무 크고 얼굴은 광대뼈가 툭 튀어 나왔으며 큰 코에 주걱턱이고 게다가 몸까지 말라, 주변 사람들은 가끔 그를 아프리카 고릴라, 또는 동물원 비비 원숭이라고 놀려댔다.

그러나 그는 항상 정직하고 성실한 삶을 살았고, 그 결과 그의 인상이 인자함과 위엄을 갖춘 모습으로 바뀌게 되었다. 마치 어린 어니스트의 모습이 성인이 되어 '큰 바위 얼굴'로 바뀐 것처럼, 인생의 많은 고난과 역경을 하나님이 기뻐하시는 방법으로 지혜롭게 극복함으로써, 세상 모든 사람들이 존경하고 닮기 원하는 '큰 바위 얼굴' 링컨이 된 것이다.

"이 사람 모세는 온유함이 지면의 모든 사람보다 승하더라"
(민 12:3).

에피소드

자기 얼굴에 대한 책임

링컨이 대통령으로 재직하고 있을 때 그를 잘 알고 있던 친구가 어떤 사람을 요직에 추천하며 말했다.
"이 사람은 재주가 비상하니 일을 맡겨 보면 어떻겠나? 잘 감당할 걸세!"
그러나 링컨은 추천받은 사람을 면담해 본 후에 그 사람을 쓰지 않았다. 그 후 친구가 찾아와 그 이유를 물었다. 링컨이 대답했다.
"추천한 사람의 얼굴이 마음에 들지 않아서 거절했네!"
"이보게, 사람의 얼굴이야 본인의 책임이 아니라 부모의 책임 아닌가?"
"여보게, 사람은 나이 40이 되면 자기 얼굴에 대한 책임을 져야 하네. 추천해 준 사람을 만나 보니 재주는 많아 보였는데 얼굴에서 덕을 찾아볼 수 없었네. 솔직히 미안한 말이지만 그 사람의 얼굴은 성경 한 구절도 안 읽어 본 사람 같았다네!"
링컨은 단순히 그 사람의 외모만 본 것이 아니라 얼굴을 통해 마음과 인격까지 꿰뚫어 보았던 것이다.

서른다섯 번째 이야기

링컨의 마지막 순간

나는 최후까지 경주를 했다는 것이 즐겁다. －A. 링컨

    1865년 4월 9일, 남부의 리 장군이 연방군 총사령관 그랜트 장군에게 항복함으로써 드디어 남북전쟁이 끝나게 되었다. 병사들은 서로 얼싸안고 승리의 축포를 쏘며 기뻐했고, 국민들도 모두 집 밖으로 뛰쳐나와 국기를 흔들며 환호성을 질렀다.

    각 교회도 평화를 주시고 미합중국을 유지할 수 있도록 허락하신 하나님께 감사 예배를 드렸다. 워싱턴 정가에서도 승리를 자축하는 행사가 개최되었으며, 링컨 또한 축하 행사와 미연방을 하나로 묶는 일로 바쁜 나날을 보냈다. 그러나 비극의 그림자는 조용히 그의 주변을 맴돌고 있었다.

    링컨은 며칠 전에 시달렸던 불길한 꿈 때문에 마음이 무거웠

다. 노예를 해방하고 나라의 분열을 막은 일생 일대의 과업이 해결되어 기뻤지만 한편으로 불안한 마음을 감출 수 없었다. 링컨의 어두운 표정을 본 아내 메리 토드가 걱정스러운 얼굴로 바라보자, 그는 자신을 짓누르는 꿈 이야기를 들려주었다.

> 링컨이 여느 날과 같이 백악관에 있는데 그 날따라 사람들이 아주 슬피 울며 통곡을 하고 있는 것이었다. 링컨은 너무 궁금해서 한 사람에게 울고 있는 이유를 물었다. 그는 대통령이 죽었기 때문이라고 말했다. 그것도 끔찍한 암살자의 흉탄에 맞아서 말이다.

그 말을 듣고 너무 큰 충격을 받은 링컨은 곧바로 꿈에서 깨어났다. 꿈이었다. 하지만 그 꿈은 너무도 생생해 링컨의 머리 속에서 떠나가질 않았다.

링컨의 꿈 이야기를 들은 아내는 그를 위로해 주며 기분 전환도 할 겸 연극을 좋아하는 남편에게 포드 극장에서 하는 연극을 보러 가자고 제안했다. 링컨은 흔쾌히 그 제안을 받아들였다.

1865년 4월 14일 오후, 링컨 대통령 부부는 극장 2층의 귀빈석에 도착했다. 관객들은 모두 일어나 박수로 환영했고, 링컨도 손을 흔들어 답례했다. 그 날은 영국의 코메디 '우리의 미국 사촌'(Our American Cousin)이라는 연극이 공연되고 있었다. 연극공연 중간에 잠시 휴식 시간을 갖는 동안 링컨은 부인 메리 토드에게 말했다.

> "여보, 나는 대통령의 임기가 끝나면 유럽 여행을 한번 하고, 그 다음으로 축복받은 땅, 가나안 지역 성지 순례를 해보고 싶소. 특별히 예루살렘 땅을 걸어 보고 싶구려. 그곳은 예수님의 숨결이 살아 숨쉬고, 주님의 발자취가 있는 곳이지 않소. 주님이 직접 우리의 죄 짐을 짊어지시고, 고통의 십자가를 지신 골고다의 언덕, 거룩한 땅, 예루살렘……"

그가 말을 채 마치기도 전에 총성 소리와 함께 링컨은 바로 옆 자리에 앉은 부인 메리 토드에게로 쓰러졌고, 그녀는 본능적으로 외마디 비명과 함께 링컨을 부둥켜안았다. 너무 순식간에 일어난 사건이라 손쓸 겨를도 없었다. 링컨의 머리에서는 피가 쏟아져 내렸고, 그는 거친 숨을 몰아쉬다가 곧 의식을 잃고 말았다. 부주의한 경호원들이 잠시 자리를 비운 사이 암살자 존 윌크스 부스(남부 출신 배우)가 링컨에게 접근해서 그의 머리에 방아쇠를 당긴 것이다.

급히 연락을 받고 온 대통령의 주치의 스토운 박사와 위생 책임자 반즈를 포함한 몇 명의 군의관들은 응급조치를 취한 후 밤새 머리에서 흘러나오는 피를 지혈시키고, 박힌 탄환을 제거하려고 시도해 보았다. 하지만 이미 탄환은 뇌의 깊숙한 부분에 박혀 더 이상 손을 쓸 수 없었다.

큰아들 로버트도 소식을 듣고 황급히 도착해 어머니 토드와 함께 밤새도록 침상을 지켰다. 소식을 전해 들은 목회자들도 링컨 대통령을 위해 합심으로 기도하며 밤을 지새웠다. 그러나 15일 새벽, 스토운 박사는 아들 로버트에게 회복할 가망이 없다는 말을 전했고, 곧이어 아침, 1865년 4월 15일 오전 7시 22분, 링컨은 고통 중에서도 평화로운 모습을 잃지 않고 57세의 나이로 하나님의 부르심을 받았다.

러시아의 문호 톨스토이는 링컨을 이렇게 극찬했다.

"역사상 위대한 영웅들과 위인들이 많이 있었지만 진정한 거인은 링컨 한 사람밖에 없습니다. 그는 자기를 미워하고 죽이

려던 원수들까지도 용서하고 형제처럼 대하며 사랑의 손을 내밀었습니다. 링컨은 마치 예수 그리스도의 축소판이라고 할 수 있습니다. 그의 미소는 따사로운 햇살같이 빛났으며, 그의 행동은 바위처럼 단단했고, 그의 인품은 친절과 관용으로 넘쳤습니다. 우리 모두는 링컨을 인류 역사상 가장 위대한 성자로 영원히 기억할 것입니다."

에이브러햄 링컨은 성경 속에 나오는 믿음의 조상 '아브라함(열국의 아버지)' 처럼 믿음의 모범을 보이며 살다 간 하나님의 사람이었다. 그는 노예들의 아버지였을 뿐만 아니라 평화와 자유를 사랑하는 모든 인류의 진정한 아버지였다.

그의 믿음과 아름다운 삶은 여전히 큰 등불이 되어 우리의 삶을 환하게 비추고 있다. 평화를 사랑하고 자유를 사랑하며 무엇보다도 하나님을 믿고 따르길 소원하는 신앙인들의 마음속에 그의 삶은 계속 살아 숨쉴 것이다.

> "예수께서 큰 소리로 불러 가라사대 아버지여 내 영혼을 아버지 손에 부탁하나이다 하고 이 말씀을 하신 후 운명하시다"(눅 23:46).

서른여섯 번째 이야기
링컨 동상 봉헌식 연설

> 한 인간의 됨됨이를 정말 시험해 보려거든
> 그에게 권력을 줘 보라. —A. 링컨

링컨의 노예 해방 선언의 중요성은 흑인 프레드릭 더글러스의 연설 속에 생생하게 나타난다. 그는 남부 메릴랜드 주에서 탈출하여 1841년부터 노예제 폐지협회의 연사로 여러 지역을 순회하며 강연을 통해 흑인 노예들의 인권과 자유와 평등의 필요성을 역설했다.

1876년 4월 14일, 워싱턴 D. C.에서 링컨을 기념하는 '링컨 동상 봉헌식'이 거행되었다. 링컨 동상은 조각가 토머스 볼의 작품으로 흑인이 무릎을 꿇고 링컨을 올려다보고 있는 모습을 조각한 것이다. 그가 암살된 지 11년 후, 자유를 얻은 노예들이 그에게 감사를 표하기 위해 모금한 돈으로 만들어졌다. 그 동상 봉헌식에는 그랜트 대통령(18대 대통령)과 고관들이 참석했고, 여기서 흑인 더글러스는 감동적인 연설을 했다. 그의 연설은 흑백의 대립과 갈등을 완해시키는 데 중요한 역할을 한 것으로 평가받고 있다.

> 시민 여러분, 우리는 오늘 말이나 행동에서 오만과 가정 같은 것은 모두 내버릴 것입니다. 또한 오늘 봉헌하려는 동상의 주인공의 인격과 역사, 빛나는 이름에 대해서 남다른 찬사를 덧붙이지도 않겠습니다. 우리는 링컨과 우리들, 그리고 백인간의 관계를 너무나 잘 알고 있습니다. 링컨이 받은 교육이나 사상을 고려할 때 그는 전형적인 백인이었습니다.
> 백인 여러분, 나는 이런 사정을 알고 있기 때문에 확신을 가지고 말합니다. 여러분 모두는 그의 가장 깊은 애정과 배려의 대상이었습니다. 여러분은 링컨의 자녀들입니다. 사실 우리는 기껏해야 입양아이거나 의붓자식일 뿐입니다. 여러분은 그를 찬양하고, 그의 동상을 만들고, 그의 사진을 벽에 걸고, 그의 행동을 칭찬하는 일이 어울립니다. 왜냐하면 여러분에게 그는 위대하고 영광스러운 친구이며, 도움을 베푼 사람이기 때문입니다.

나는 여러분에게 이 동상 대신 더 훌륭한 기념물을 세우라고 권하고 싶습니다. 가장 값비싼 자재로, 가장 정교한 솜씨로, 가장 아름답고 완벽한 모양으로 영원히 보존될 걸작품을 만드십시오.

그러나 여러분이 엄청난 돈을 들여, 정의감과 애국심에 가득 차서 그 일을 한다고 해도, 우리의 이 볼품없는 동상을 무시하지 마시기 바랍니다. 링컨은 여러분을 위해서 나라를 구했지만, 그는 우리를 노예의 신분에서 해방시켜 주었습니다.

링컨의 이름은 이 나라가 가장 어둡고 암울한 상황에 빠져 있었을 때, 우리 가슴에 희망을 준 소중한 이름이었습니다. 그가 패배를 당했을 때도, 우리는 승리와 영광을 누리던 때와 마찬가지로, 그를 부끄러워하지 않았습니다. 그에 대한 믿음이 흐려져 한계에 달했을 때도 여러 번 있었지만, 완전히 포기한 적은 한 번도 없었으며, 피를 흘리면서도 그에 대한 믿음을 잃지 않았습니다. 왜냐하면 우리는 링컨을 전체적으로 바라볼 수 있었기 때문입니다.

그의 현명하고 훌륭한 통치 아래서, 편협한 사고의 낡은 단어들이 이 나라에서 사라지는 것을 보았으며, 우리 용감한 아들들과 형제들이 노예의 굴레를 벗고, 미합중국 병사로서 푸른

제복을 입은 것을 보았습니다. 우리는 수십만의 검은 피부를 가진 사람들이 링컨의 요구에 응해서, 소총을 어깨에 메고, 제복을 입고, 자유와 통일을 위해서 힘차게 행군하는 모습을 보았으며, 이 나라의 명예를 오랫동안 더럽혀 온 노예제도가 폐지된 것을 보았습니다.

우리는 그의 통치 아래서, 외국의 노예무역을 금지하는 법이 시행되고, 그것을 어긴 노예 무역업자가 교수형 받는 것을 보았으며, 우리 흑인은 영원히 노예이어야 한다는 생각 위에 수립된 남부 주가 산산조각 나서 흩어지는 것을 보았습니다.

링컨이 행해야 할 위대한 임무는 두 가지였습니다. 첫째는 나라를 분단과 파괴로부터 구하는 것이었고, 둘째는 노예제도라는 큰 죄악으로부터 나라를 해방시키는 것이었습니다. 이 두 가지를 다 성취하기 위해서는 국민들의 협조가 필요했습니다. 만약 그에게 성공 전략이 없었다면, 그의 노력은 허사로 돌아가고 아무 성과도 없었을 것이며, 만약 그가 연방을 구하는 일보다 노예제도 폐지를 우선했다면, 분리주의자들의 반란에 대항할 수 없었을 것입니다.

순수한 노예제도 폐지론자의 입장에서 보면, 그는 느리고, 차

갑고, 우둔하고, 냉담하게 보였을지 모르지만, 모든 것을 통합해야 할 정치인의 입장에서 본다면, 그는 빠르고, 정열적이고, 단호했으며, 빈틈이 없었습니다. 비록 그가 당시 백인들처럼 흑인에 대한 편견을 가지고 있었을지 모르지만, 마음속으로는 노예제도를 싫어하고 증오했다는 것은 부인할 수 없는 사실입니다. 그는 이렇게 말했습니다.

"우리는 이 엄청난 전쟁의 재앙이 즉각 물러가기를 진심으로 기도해야 합니다. 그렇지만 만약 하나님께서 전쟁을 원하신다면 이 재앙은 계속될 수밖에 없습니다. 260년간에 걸친 노예들의 보답 없는 노역에 의해 축적된 모든 부와 재물이 완전히 사라질 때까지, 채찍질과 칼로 뽑아낸 피 한 방울 한 방울의 모든 대가가 지불될 때까지 말입니다. 왜냐하면 하나님의 심판은 모두 참되고 정당하기 때문입니다."

이것만 보아도 노예 문제에 대한 그의 생각을 알 수 있습니다. 역사상 링컨보다 더 맹렬한 공격을 받은 사람은 없습니다. 그는 노예제도 폐지론자들로부터 공격을 받았고, 노예 소유주들로부터도 공격을 받았습니다. 또한 절대적 평화주의자들, 전쟁 강경론자들로부터도 공격을 받았으며, 전쟁이 노예제도 폐지를 위한 것이어야 한다고 주장하는 사람들의 공격도 받았습니다. 그리고 그를 괴롭힌 가장 강력한 공격은 그가 전쟁에서 노예제도를 악용하고 있다는 비난이었습니다.

그러나 지금 이 시점에서 그가 직면했던 엄청난 과업을 생각해 보고, 종합적으로 평가해 보면, 전지전능하신 하나님께서 링컨보다 그 임무에 더 적합한 사람을 보내지 않으셨다는 확신이 듭니다.

링컨은 대통령으로 취임하자마자 엄청난 위기에 직면했습니다. 그의 앞에는 반란으로 이미 사실상 해체된 상태의 연방이 있었습니다. 그의 전임자 부캐넌은 이미 자위권과 자체 보존권을 부정하고, 연방 해체 쪽으로 문제를 해결하기로 결정했습니다. 그러나 다행히도 링컨은 부캐넌의 판단을 따르지 않았습니다. 그는 어떤 위험이 따르고, 아무리 많은 비용이 들더라도, 미연방은 유지되어야 한다고 결심했습니다.

링컨이 취임하기 전, 겁 많은 사람들은 8백만 명(당시 분리해 나간 11개 주의 인구 수)의 반란은 진압할 수 없다고 말했습니다. 그러나 이 모든 반대에도 불구하고, 그는 자신의 의무를 명확히 알았고, 하나님에 대한 믿음을 잃지 않았습니다.

그는 노예제도의 윤리에 길들여지지 않았고, 평범한 생활방

식을 사랑했으며, 말과 행동이 일치하도록 노력했습니다. 링컨이 자신과 국민에게 가지고 있던 신념은 놀라울 정도로 확고했습니다.

동포 여러분, 오늘 우리는 우리 인종(흑인)을 위해서 좋은 일을 했습니다. 우리 모두의 친구였고, 우리를 해방시켜 준 사람, 링컨을 기념함으로써 우리 자신이나 우리 후손들을 위해 값지고 명예로운 일을 했습니다.

이제 유색 인종은 영혼도 없고, 남에게 도움을 베풀 줄도 모르고, 감사할 줄도 모른다고 비난하는 사람들로부터 우리 자신을 지키게 되었습니다. 혹시 그런 사람을 만나게 되면, 감사의 상징으로 건립한 이 동상을 조용히 가리키시기 바랍니다.

"주권자에게 은혜를 구하는 자가 많으나 사람의 일의 작정은 여호와께로 말미암느니라"(잠 29:26).

서른일곱 번째 이야기
예수님 다음의 인기

여러 사람을 일시에 속일 수 있고 또 한 사람을 오랫동안
속일 수 있다. 그러나 여러 사람을 오랫동안 속일 수는 없다.
―A. 링컨

얼마 전 국내 정치학자 204명과 국민 1,500명을 대상으로 역대 대통령들에 대한 종합 평가를 실시해 대통령학(박영사 간)이라는 책으로 펴낸 것을 보았다. 1백점 만점으로 해서 5개 항목(위기관리능력, 업적, 자질, 인사, 성격)으로 분석 종합한 결과 1위 박정희(71.9점), 2위 이승만(67.5점), 3위 전두환(63.6점), 4위 노태우(48.1점), 5위 장면(46.5점), 6위 최규하(44.7점), 7위 김영삼(38.9점) 순으로 나타났다. 박정희, 이승만, 전두환을 제외한 나머지 대통령들은 모두 F학점을 받았다. 우리 나라 대통령 7명 중에 절반이 넘는 4명의 대통령이 낙제생이라는 사실에 마음이 씁쓸했고, 아직도 존경받는 대

통령을 갖지 못한 우리 나라의 현실이 안타깝기만 했다.

미국 역시, 1948년 55명의 역사학자들이 대통령에 대한 연구 자료로 삼기 위해 대통령들의 성적을 작성하기 시작한 이래로 역대 대통령들에 대한 채점 제도가 지금까지 계속되고 있다.

그런가 하면 최근에 미국의 라이딩스-매기버 대통령 여론 조사팀이 미국과 캐나다 등의 미국사 전공 교수와 정치 전문가 등 719명의 전문가를 동원하여 미국 역대 대통령을 연구 분석한 책(*Rating the Presidents*, 위대한 대통령 끔찍한 대통령 〈한언출판사 간〉)을 출간해 화제가 되었다.

이 책은 초대 대통령 워싱턴부터 42대 클린턴 대통령까지, 41명의 대통령을 5가지 항목, 즉 지도력, 업적 및 위기관리 능력, 정치력, 인사관리, 성격 및 도덕성으로 나누어 평가, 순위를 매겼다.

각 항목별 순위와 종합 순위를 매긴 결과 최고의 지도자라 할 수 있는 종합 1위의 영광은 링컨이 차지했다. 2위는 프랭클린 루스벨트, 3위는 미국의 국부 워싱턴, 4위는 제퍼슨 순으로 나타났고, 레이건은 26위, 클린턴은 23위로 중간 정도의 성적을 받았다. 클린턴은 더 높은 점수를 받을 수 있었는데도 불구하고 도덕성에서 최하위 점수를 받아 순위에서 밀리고 말았다.

조사 결과 상위권에 오른 대통령들은 모두 독립전쟁, 남북 전쟁, 경제 대공황, 세계 대전 등 난세에 집권했던 인물들로, 국가의 위기가 오히려 훌륭하게 극복하기만 하면 영웅을 만들어 준다는 사실을 입증했다. 그런데 연구 결과, 5가지의 항목에서 받은 종합 순위와 그의 도덕성 순위가 대부분 일치해서 사람들의 관심을 끌었다. 이것은 정직하고 도덕성을 갖춘 지도자야 말로 능력 있고, 국민들의 존경을 받을 만한 지도자라는 사실을 말해 준다.

링컨은 업적 및 위기관리 능력과 성격 및 도덕성에서 1위를 차지했고, 지도력과 정치력에서 2위, 인사관리에서 3위를 차지해 종합 성적에서 최고 점수를 얻어 '진실로 위대한 대통령, 반드시 있어야 할 대통령'으로 인정받았다. 이와는 대조적으로, 41명의 대통령 중 맨 꼴찌는 29대 대통령 워런 하딩이 차지했다. 그는 자기 스스로도 "나는 대통령이 되지 말았어야 할 사람이다. 대통령이라는 직업은 한마디로 나에게 지옥이었다."라고 토로할 정도로 그의 성적은 업적 및 위기관리 능력, 성격 및 도덕성에서 모두 최하위의 낙제 점수를 받았다. 학자들도 그에게 '대통령이라 부를 수 없는 대통령', '그보다 더 나쁠 수 없는 대통령'이란 별명을 붙여 주었다.

1979년 미국에서 역사상 가장 존경받는 인물에 대한 여론 조사를 한 적이 있었다. 1위는 예수님, 2위는 링컨이 차지했다. 링컨의 인기가 예수님 다음이라는 사실만 봐도 그가 얼마나 미국인들과 전 세계 사람들에게 사랑과 존경을 받는 인물인가를 실감할 수 있다.

"그를 높이라 그리하면 그가 너를 높이 들리라 만일 그를 품으면 그가 너를 영화롭게 하리라"(잠 4:8).

TV 방송

최근(2001년)에 미국 C-SPAN TV 방송에서 대통령에 관한 역사를 전공한 학자들 58명을 동원하여 1년간 6개 항목(대중 설득력, 경제관리, 도덕적 권위, 대 의회 관계, 비전 제시, 평등 정의 추구)으로 분류하고 미국 역대 대통령들의 업적을 평가하여 그 결과를 방송해서 국민들의 관심을 모았던 적이 있었다. 물론 링컨은 그곳에서도 종합 1위를 차지했다. 베스트 5에 선정된 대통령들을 보면 링컨, 프랭클린 루스벨트, 워싱턴, 시어도어 루스벨트, 트루먼 순으로 나타났다. 이들은 모두 비전 제시 능력, 단호한 행동력, 도덕적인 면 등에서 높은 점수를 받았다.

서른여덟 번째 이야기
하나님의 마음에 합한 사람

**하나님은 우리의 모든 사업마다
조용한 동반자이시다. −A. 링컨**

링컨의 신앙은 어머니 낸시의 신실한 믿음에 깊은 뿌리를 둔 것이었다. 그는 꾸준히 성경을 읽고 기도함으로써 균형 잡힌 성숙한 신앙인으로 자라났다. 그는 어머니의 유언대로 신앙인의 길에서 벗어나지 않기 위해 철저히 술과 담배를 멀리했으며, 불의와 뇌물의 유혹을 물리치기 위해 어머니가 가르쳐 주신 십계명을 삶 속에서 엄격하게 실천하며 믿음을 키웠다.

링컨이 구체적으로 언제 영적 회심을 경험했는지는 정확하게 알려져 있지 않다. 그렇지만 대략 스프링필드 장로교회에서 감리교 부흥사 제임스 자케스 목사의 인도로 부흥회를 연

기간 동안에 그가 예수 그리스도를 자신의 구주와 주님으로 영접하고, 주님을 위해 자신의 생애를 드리기로 결단한 것으로 전해진다. 그 당시 자케스 목사는 "영적으로 거듭나야 한다"는 주제로 능력 있는 설교를 했으며, 이때 링컨은 구원의 필요성을 절감했다고 한다. 그날 밤 그는 자신이 구원받아야 할 죄인임을 깨닫고 통회의 기도를 올렸으며, 그 이후 구원의 확신을 갖게 된 것으로 전해진다.

이때부터 링컨은 자신의 삶을 하나님의 도구로 생각하는 영적 변화의 시기를 맞게 되었다. 그는 기회가 있을 때마다 자신의 소명을 공개적으로 많은 사람들에게 말하곤 했다.

> 지금 내가 맡고 있는 임무는 하나님이 맡기신 일이며, 단지 나는 하나님의 도구로 쓰임받고 있을 따름입니다. 그러므로 나의 일은 단순히 나 자신의 일이 아니라 하나님의 일이며, 그 일을 잘 감당하기 위해서는 내 지혜가 아니라 하나님의 지혜가 필요하다고 생각합니다.

자신의 평소 고백처럼 링컨은 작은 일 하나까지도 하나님과 동행하는 충실한 그리스도인의 삶을 살았다. 아침마다 성경을 묵상하고 기도하는 일을 쉬지 않았다. 그는 성경을 묵상하면서 하나님을 신실히 섬기는 자들에 대해서는 하나님께서 어떤 형편에서든지 결코 외면하지 않으시고 끝까지 책임져 주신다는 사실을 깨달았다.

링컨이 대통령으로 취임하기 몇 주 전, 그의 생일날에 모인 사람들에게 그는 자신의 각오를 이렇게 표현했다.

> 사랑하는 여러분, 저는 부족하고 준비가 안 된 상태에서 대통령이라는 막중한 책임을 맡게 되었습니다. 그러나 저는 전능하신 하나님을 기쁘시게 하는 일이라면 언제라도 제 목숨까지 내어드릴 각오가 되어 있습니다.

메리 토드는 링컨의 친구인 리드 목사에게 링컨이 대통령으로 취임하기 전날에 있었던 상황을 이렇게 설명했다.

> "제 남편 링컨이 취임하기 전날에 식구들을 모두 불러놓고 직접 작성한 취임 연설문을 크게 읽어 주었습니다. 연설문을 다 읽고 난 후에 그는 저에게 '여보! 이제 나는 조용한 시간

이 필요하오. 아이들을 다른 방으로 데리고 가서 조용하게 해 주었으면 좋겠소.'라고 부탁했습니다. 그리고 그날 우리 가족들 모두는 그가 평소보다 더 큰 목소리로 하나님께 기도하는 소리를 똑똑히 들을 수 있었습니다."

다음은 기도로 준비한 링컨의 취임 연설문의 일부이다.

……우리가 당면한 어려운 문제들을 해결하고자 할 때, 우리의 지혜와 열심만으로는 안 됩니다. 마땅히 하나님의 말씀인 성경을 의지해야 하며, 하나님을 굳게 신뢰해야 합니다. 하나님께서 이미 이 나라를 돌보셨으며, 결국 우리 나라를 어려운 위기에서 구해 주실 것입니다.……

프랭크 E. 에징턴이 쓴 뉴욕 애비뉴 장로교 역사를 보면 "링컨은 어머니로부터 물려받은 성경을 통해 진실한 그리스도인으로 성장했으며, 대통령에 당선된 이후에도 뉴욕 애비뉴 장로교회에 매 주일 출석했습니다. 그는 주일 예배뿐만 아니라 주중에 있는 기도회에도 자주 참석하여 기도드리곤 했습니다."라고 그의 신앙을 자세히 소개하고 있다.

링컨은 걸리 담임 목사를 좋아해서 백악관으로 자주 초청해 예배 인도와 기도를 부탁하곤 했다. 섬터 요새가 남군에 의해 점령되었다는 소식을 접했을 때도 그는 곧바로 걸리 목사에게 연락을 취해 백악관으로 와 줄 것을 부탁했다. 그는 어려운 일이 생길 때마다 걸리 목사와 함께 기도하며 어려운 시기를 극복했다.

한번은 주일 예배를 마친 후에 걸리 목사가 성도들에게 특별 광고를 했다.

"오늘부터 우리 교회는 당분간 집회를 중단합니다. 이유는 여러분도 잘 아시다시피 전쟁으로 사상자가 너무 많이 생겨 교회를 병원으로 개조할 수밖에 없기 때문입니다."

이 광고를 들은 링컨은 크게 놀라며 이렇게 말했다.

"걸리 목사님, 지금 이 나라가 어려움에 처한 것은 사실입니다. 그러나 이런 때일수록 우리에게는 교회가 필요하고, 더욱 하나님을 의지하고 섬겨야 합니다. 저는 교회를 병원으로 개조하는 조치에 대해서는 찬성할 수 없습니다."

결국 링컨의 생각대로 어려운 상황에서도 예배는 중단되지 않고 계속 드려질 수 있게 되었다.

링컨과 오랫동안 친분을 나누었던 뉴욕 트리뷴지의 기자 노아 브룩은 1865년 월간지 하퍼 7월호에 링컨에 대한 기사를 다음과 같이 실었다.

> 링컨은 성경을 읽고 기도하는 일을 끊임없이 지속하고 있습니다. 나라가 어려운 위기에 처해 있을 때 그는 견고한 믿음으로 하나님을 바라보고 있습니다. 한번은 그가 나에게 이렇게 말했습니다.
> "나는 앞이 캄캄할 때마다 무릎을 꿇고 하나님의 도우심을 구합니다. 그러면 하나님께서 빛을 비추어 주십니다."

당시 최고의 신학자로 알려진 윌리엄 J. 월페 교수는 링컨과 오찬을 나눈 후 한 교단 모임에서 이렇게 말했다.

> "링컨은 훌륭한 신학자입니다. 왜냐하면 그는 성경에 정통할 뿐만 아니라 성경을 삶으로 실천하고 있기 때문입니다. 그는

이 나라에서 일어나는 정치, 경제, 군사, 교육, 사회 전반의 모든 일들을 구체적으로 하나님께서 통치하신다고 믿으며 하나님의 음성에 귀를 기울이고 있습니다."

링컨의 친구인 리드 목사도 링컨이 세상을 떠난 후에 그의 신앙에 대한 글을 다음과 같이 썼다.

링컨은 보기 드물게 신앙심이 두터운 사람이었습니다. 그는 일찍이 나에게 그의 신앙을 증거했습니다. 그는 주 예수 그리스도를 통한 영생의 축복과 소망을 확신하고 있었습니다. 그는 기독교 교리에 대해서도 굳건한 믿음을 소유하고 있었으며, 백악관에서도 날마다 성경을 읽고 끊임없이 기도했던 신앙의 인물이었습니다.

링컨을 만나서 그와 대화를 나눠 본 사람들의 공통적인 생각은 그가 취한 결단과 행동들이 확신 있는 믿음과 신앙에서 비롯되었다는 것이다. 그의 신앙과 인격은 모든 사람들을 포용할 만큼 큰 그릇이었으며, 그의 얼굴은 마치 예수님의 얼굴처럼 온유하고 겸손한 모습이었다고 추억한다. 한마디로 링컨은 '하나님의 마음에 합한 사람', 즉 '하나님의 동역자'라고 할 수 있다.

> "내가 이새의 아들 다윗을 만나니 내 마음에 합한 사람이라 내 뜻을 다 이루게 하리라"(행 13:22).

링컨 연보

1806년 아버지 토머스 링컨과 어머니 낸시 행크스는 감리교회 제시 해드 목사의 주례로 결혼(6월 12일).

1809년(1세) 2월 12일, 미국 켄터키 주 호젠빌의 개척지 한 농장의 통나무집에서 태어남. 손위 누이는 사라(2살 위). 리틀 마운트 감리교회 출석.

1816년(8세) 인디애나 주 남부로 이사. 피전 크리크 침례교회 출석.

1818년(10세) 10월에 어머니 낸시가 풍토병으로 세상을 떠남. 데이비드 엘킨스 목사가 장례식 집례. 링컨의 아내가 될 메리 토드가 켄터키 주 렉싱톤에서 태어남.

1819년(11세) 아버지 토머스가 두 번째 아내 사라 부시 존스턴과 감리교 조지 로저스 목사의 주례로 재혼.

1826년(18세) 누이 사라가 아론 그릭스비와 결혼. 링컨은 오하이오 주에서 나룻배 사공이 됨.

1828년(20세) 누이 사라가 산고를 이기지 못하고 세상을 떠남. 링컨은 미시시피 강을 따라 뉴올리언스까지 여행을 함. 그곳에서 흑인들의 참상을 직접 목격함.

1830년(22세) 인디애나 주에서 일리노이 주의 디케이터로 이사.

1831년(23세) 뉴살렘으로 이사하여 덴톤 오펏 상점 점원으로 일함.

1832년(24세) 인디언 토벌을 위한 블랙 호크 전쟁의 의용군에 가담-민병대장이 됨. 주 의회 선거에 낙선-13명 후보 중에 8위에 그침. 윌리엄 베리와 잡화상 동업.

1833년(25세) 잡화상 망함. 우체국 일을 맡음. 측량기사 시험 합격.

1834년(26세) 측량기사 일을 하며 주 의원 선거에 당선.

1836년(28세) 주 의원에 당선(재선). 변호사 시험에 합격.

1837년(29세) 스프링필드로 이사. 스프링필드 장로교회 출석. 친구 존 스튜어트와 공동 법률 사무소 개설.

1838년(30세) 주 의원에 당선(3선). 의회 의장직 낙선.

1840년(32세) 주 의원에 당선(4선). 대통령 선거위원 낙선.

1841년(33세) 친구 스튜어트가 하원의원에 당선. 로건과 공동 법률 사무소 개설.

1842년(34세) 찰스 드레서 목사의 주례로 메리 토드와 결혼(12월 4일). 링컨 부부 스프링필드 장로교회 출석.

1843년(35세) 맏아들 로버트가 태어남(8월 1일).

1844년(36세) 헌든과 공동 법률 사무소 개설. 잭슨 거리로 옮김. 하원의원 공천 탈락(휘그당).

1846년(38세) 하원의원에 당선. 둘째 아들 에드워드가 태어남(3월 10일).

1848년(40세) 하원의원 공천을 로건에게 넘김. 휘그당 대통령 후보 테일러의 선거 유세를 함.

1849년(41세) 스프링필드에서 변호사 일에 전념.

1850년(42세) 둘째 아들 에드워드가 세상을 떠남(2월 1일). 셋째 아들 윌리엄이 태어남(12월 21일).

1851년(43세) 아버지 토머스가 세상을 떠남(1월 17일).

1853년(45세) 넷째 아들 토머스가 태어남(4월 4일).

1855년(47세) 상원의원 낙선. 노예제도 반대 연설을 함.

1856년(48세) 공화당 부통령 후보로 경선에 나갔으나 낙선.

1858년(50세) 상원의원 선거에서 더글러스에게 패함.

1859년(51세) 브룩클린의 플리머스 교회(헨리 와드 비처 목사 시무) 문화행사에서 강연.

1860년(52세) 공화당 전당 대회(5월 10일)에서 대통령 후보로 지명되고 대통령에 당선(11월 6일).

1861년(53세) 계모를 찾아가 작별 인사. 연방을 탈퇴한 6개 주가 남부 연합을 결성하고 대통령으로 제퍼슨 데이비스를 선출(2월 9일). 대통령에 취임(3월 4일). 연방정부에서 탈퇴한 남부연합 무효 선언. 남북전쟁 발발(4월 12일). 더글러스 사망(6월 3일-30일간의 조의 표명을 공포). 링컨 가족들 워싱턴의 뉴욕 애비뉴 장로교회 출석.

1862년(54세) 에드윈 스탠턴을 국방부 장관에 임명. 노예 해방 예비 선언 공포(7월 22일). 셋째 아들 윌리엄이 세상을 떠남(2월 22일).

1863년(55세) 노예 해방령 선포(1월 1일). 흑인의 입대를 결정. 승리 감사 선언문 발표(7월 15일). 추수감사절을 11월 26일로 제정해서 선포(10월 3일). 게티즈버그 전투 희생자 묘지 봉헌식에 참석해서 '국민의, 국민에 의한, 국민을 위한 정치'라는 명연설을 함(11월 19일).

1864년(56세) 그랜트를 북군 총사령관에 임명. 민주당의 조지 맥클레런을 물리치고 대통령 재선(11월 8일).

1865년(57세) 노예제도를 폐지하는 헌법 개정 법령을 승인하여 노예 해방을 완결함(2월 1일). 3월에 대통령 취임. 남군의 리 장군 항복 선언(4월 9일). 남부의 재건을 위한 연설(4월 11일). 포드 극장에서 존 윌크스 부스에게 암살(4월 14일). 4월 15일 오전 7시 22분에 세상을 떠남. 링컨 대통령의 담당 목사인 피니스 구를리 목사가 장례식 집례(4월 19일). 스프링필드 오크리지 묘지에 안장(5월 4일).

참고 도서

김동길, 링컨의 일생 (샘터 출판사, 2001)

고어 비달, 남신우 옮김, 대통령 링컨 1, 2, 3 (문학과 지성사, 1999)

노무현, 노무현이 만난 링컨 (학고재, 2001)

김영일, 링컨 (계몽사, 1986)

프레드릭 오웬, 박현덕 옮김, 링컨의 생애와 신앙 (목회자료사, 1993)

오병학, 아브라함 링컨 (규장문화사, 1992)

기독교문사편집부, 교회사에서 골라낸 1,882가지 신앙 이야기 (기독교문사, 1998)

신연식, 위인의 어머니에게서 배우는 자녀 교육의 지혜 (국민일보사, 1997)

Paul M. Angle, *New Letters and Papers of Lincoln* (USA: Houghton Mifflin Com, 1930)

Michael Gorham, *The Real Book about Abraham Lincoln* (Garden City Books, 1951)

Carl Sandburg, *Abe Abraham Lincoln Grows Up* (Harcourt Pub, 1985)

G. Frederick Owen, *Abraham Lincoln The Man & His Faith* (Tyndale House Pub, 1976)

Mary E. Hull, *Mary Todd Lincoln* (Enslow Pub, 2000)

Robert Somerlott, *The Lincoln Assassination* (Enslow Pub, 1998)

Timothy Levi Biel, *The Civil War* (Lucent Books, 1991)

Peter Burchard, *Lincoln & Slavery* (Atheneun Books for Young Readers, 1999)

William Hanchett, *The Life of Abraham Lincoln Out of the Wilderness* (University of Illinois Press, 1994)

W. Fred Conway, *Young Abe Lincoln* (FBH Pub, 1992)

David Herbert Donald, *Lincoln* (Simon & Schuster NY, 1995)

생명의말씀사

사 | 명 | 선 | 언 | 문

너희가 흠이 없고 순전하여……세상에서 그들 가운데 빛들로
나타내며 생명의 말씀을 밝혀 (빌 2:15-16)

1. 생명을 담겠습니다.
만드는 책에 주님 주신 생명을 담겠습니다.
그 책으로 복음을 선포하겠습니다.

2. 말씀을 밝히겠습니다.
생명의 근본은 말씀입니다.
말씀을 밝혀 성도와 교회의 성장을 돕겠습니다.

3. 빛이 되겠습니다.
시대와 영혼의 어두움을 밝혀 주님 앞으로 이끄는
빛이 되는 책을 만들겠습니다.

4. 순전히 행하겠습니다.
책을 만들고 전하는 일과 경영하는 일에 부끄러움이 없는
정직함으로 행하겠습니다.

5. 끝까지 전파하겠습니다.
모든 사람에게, 땅 끝까지, 주님 오시는 그날까지
복음을 전하는 사명을 다하겠습니다.

생명의말씀사 서점안내

광화문점 110-061 종로구 신문로1가 58-1 구세군 회관 2층
TEL.(02) 737-2288 / FAX.(02) 737-4623

강 남 점 137-909 서초구 잠원동 75-19 반포쇼핑타운 3동 2층 전관
TEL.(02) 595-1211 / FAX.(02) 595-3549

구 로 점 152-880 구로구 구로 3동 1123-1 3층
TEL.(02) 858-8744 / FAX.(02) 838-0653

노 원 점 139-200 노원구 상계동 749-4 삼봉빌딩 지하1층
TEL.(02) 938-7979 / FAX.(02) 3391-6169

분 당 점 463-824 경기도 성남시 분당구 서현동 269-5 서원프라자 서현문고 서관 4층
TEL.(031) 707-5566 / FAX.(031) 707-4999

신 촌 점 121-806 마포구 노고산동 107-1 동인빌딩 8층
TEL.(02) 702-1411 / FAX.(02) 702-1131

일 산 점 411-370 경기도 고양시 일산구 주엽동 83번지 레이크타운 지하 1층
TEL.(031) 916-8787 / FAX.(031) 916-8788

의정부점 484-010 경기도 의정부시 금오동 470-4 성산타워 3층
TEL.(031) 845-0600 / FAX.(031) 852-6930

파 주 점 413-012 경기도 파주시 금촌 2동 68번지 송운빌딩 2층
TEL.(031) 943-6465 / FAX.(031) 949-6690

인터넷서점

http://www.lifebook.co.kr